核兵器禁止条約を使いこなす

安斎育郎
林田光弘
木村朗

かもがわ出版

はじめに　核兵器禁止条約を活かすために

現在の核問題をめぐる世界情勢を見れば、明暗二つの側面が同時進行中であることが分かります。一方では、二〇一七年七月七日に国連本部（ニューヨーク）の国連会議で一二二カ国の賛成で広島・長崎への原爆投下以来初めての、核兵器を違法とする「核兵器禁止条約」が採択され、核軍縮の機運が高まっています。また他方では、中東地域でのシリア、ウクライナ内戦をめぐる米ロの対立激化や北朝鮮の核・ミサイル開発をめぐる米朝関係の悪化など、世界終末時計が人類滅亡まであと二分半という六五年ぶりとなる「危機的状況」を指すにいたっています。

その後、今年に入ってから、朝鮮半島情勢では南北首脳会談に続き米朝首脳会談が開かれるなど緊張緩和に向けた動きが見られるとはいえ、依然として関係諸国の相互不信・疑心暗鬼は根強く、核戦争の危機が去ったとは到底いえない状況です。また中東情勢では、NATOによるバルト三国やポーランドでの挑発的な軍事演習実施などで、米ロ間の緊張はむしろ高まっています。

そこで、このように揺れ動く世界情勢のなかで、いま、私たちはどうすればいいのか、特にようやく市民が手に入れた核兵器禁止条約を活かすためになにをすべきなのかを、日本の原水爆禁止運動を長年先頭で引っ張って来られた安斎育郎先生（立命館大学国際平和ミュージーアム名誉館長）とヒバクシャ国際署名キャンペーンリーダーの林田光弘さん（明治学院大学院生、長崎県の被爆三世で元高校生平和大使）、北九州市小倉生まれで原爆投下問題を研究テーマとするわたし木村朗（鹿児島大学教員、平和学）の三人の鼎談でとことん本音で語り合って出来上がったのが本書です。

本書では、まず第一部（論考集：核兵器禁止条約の過去・現在・未来）で三人の著者それぞれが今日まで取り組んできている問題を中心にした個別論文を、また第二部（鼎談：世界を変える核兵器禁止条約の使い方）では、（1）ICAN主導の核兵器禁止条約の採択、（2）アメリカの核戦略と核抑止力の問題点、（3）朝鮮半島の非核化をめぐって、（4）原爆投下の非人道性と日本の役割、といったテーマを取り上げています。

こうした問題を考える意味で、昨年、国連での核兵器禁止条約採択に尽力した国際的なNGOの連合体「核兵器廃絶国際キャンペーン（ICAN）」がノーベル平和賞を受賞したことは画期的でした。特に注目されるのが、一二月一〇日にノルウェーの首都オスロで行われた受賞式での、ICANのベアトリス・フィン事務局長の「わたしたちは偽りの（核の）傘の下で暮らしている。核兵器が使われる危険性は冷戦が終わったときよりも大きい」との警告、そしてカナダ在住の被爆者・サーロー節子さんの「私が愛した街は一発の爆弾で完全に破壊された。住民のほとんどは一般市民で、焼かれて灰と化し、蒸発し、黒焦げの炭になった」との証言と、核兵器は「必要悪ではなく、絶対悪」との主張でした。この二人による、核兵器禁止条約の制定を「核兵器の終わりの始まりにしよう」という呼びかけに世界中の多くの人々が共感しました。

ただ、残念なのは、核廃絶を求めるこうした世界の新しい潮流に背を向けているのが、核保有国とその「核の傘」の下にある日本などの国々、すなわち「準核保有国」の存在です。特に「唯一の被爆国」を強調する日本政府は、「『核の傘』なるものの下で共犯者となっている国々の政府の皆さん」に対し、その態度を改め、核兵器禁止条約へ参加するよう求めたサーロー節子さんの呼びかけに真摯に応える責任があると思います。

日本が「準核保有国」であるというのは、日米安保条約を通じて米国の「核の傘」に入っているという意味だけではありません。もう一つの側面は、一九五〇年代半ばに原発を導入して以来、日本は一貫して核武装能力を保有することを目指してきました。一九六四年の中国の核実験実施以降は、本格的な核武装能力保持のための研究計画を立てた時期もあります。一九七六年六月の核拡散防止条約（ＮＰＴ）加盟後は直接的な核武装への道は断念したかに見えますが、二〇一一年の福島第一原発事故後に原発再稼働を急いだ理由の一つが、潜在的核武装能力の保持のためであったことも当時の石破茂自民党幹事長の発言などで明らかになっています。日本があくまでもウラン濃縮を可能とするプルサーマル計画にこだわる理由もここにあります。鳩山民主党政権時代に明らかになった核持ち込みの密約も合わせて考えれば、日本の非核三原則がいかに欺瞞的に形骸化しているのかがわかります。

ここでより問題なのは、オバマ政権末期に浮上した核先制攻撃戦略見直しの動きに日本政府が強く反対し、米国内での根強い慎重論もあってそれが見送られたことです。このような日本政府の核抑止力論に固執する姿勢は、核兵器禁止条約の制定をめぐる問題でも一貫しています。日本政府は、この決議案に「北朝鮮の核・弾道ミサイル開発が我が国の安全に対する重大かつ差し迫った脅威」を挙げた上で、「核兵器国と非核兵器国との間の対立を一層助長し亀裂を深めるものである」との理由で反対しているのです。

しかし、今年に入ってから朝鮮半島和解プロセスと連動した東アジアの冷戦構造の解体という大きな歴史的転換期にあります。日本政府は核抑止力論を直ちに放棄して、核兵器廃絶を世界の先頭に立って訴えるべきです。そのためにも、わたしたち市民の一人一人が核兵器禁止条約を武器にして、核抑止力論に固執する核保有国や準核保有国を包囲してその硬直した態度・核政策を転換させなければなりません。

本書がそのための一助となれば幸いです。読者からの忌憚のないご意見をお待ちしています。

企画提案者　**木村　朗**

核兵器禁止条約を使いこなす　目次

装幀　本間達哉（東方図案）

第一部　論考集

核兵器禁止条約の過去・現在・未来

核兵器禁止条約で原水禁運動が果たした役割、果たすべき役割

安斎 育郎

人類初の核兵器被害

一九三九年にドイツのポーランド侵攻で始まった第二次世界大戦は、ドイツ・イタリア・日本などの「枢軸国」とアメリカ・イギリス・ソ連などの「連合国」の間の世界規模の戦争に発展しました。すでに、連合国側は、一九四三年のカイロ宣言で、「日本の無条件降伏」などの基本方針を決めていましたが、日本は長期化する戦争に徐々に疲弊し、一九四四年には本土の戦場化が進み、翌一九四五年に入ると主要な都市が次々と大規模な空襲にさらされるようになりました。

この年の二月、連合国首脳が「第二次世界大戦後の処理」についてのヤルタ会談を開いた時、アメリカはソ連と「極東密約」を結びました。それは、「ドイツ降伏後三カ月以内にソ連が対日参戦すること」を要請したものでした。五月八日深夜から九日未明にかけてドイツが無条件降伏するに及んで、連合国にとって残る主要な敵は日本になりました。

七月一六日、アメリカはニューメキシコ州アラモゴードで人類史上初の原爆実験を成功させ、翌一七日からベルリン郊外ポツダムでの会談に臨みました。ソ連のスターリン書記長はアメリカのトルーマン大統領に、「ソ連が八月中旬までに対日参戦すること」を告げ、翌一八日には、「日本がソ連を通じて終戦を模索していること」を示す天皇からの極秘親書の内容を伝えました。

アメリカのイニシアティブで対日戦争を勝利に導きたいトルーマン大統領は、日本に対する原爆投下の目標地選びを急ぎ、やがて「京都・広島・小倉・新潟」を候補地としましたが、最終的には八月二日に決定された「センターボード作戦」で、「広島・小倉・長崎」に決定しました。八月六日、テニアン環礁を飛び立ったB29エノラ・ゲイが広島にウラン爆弾を投下し、人類史上最初の核地獄を出現させました。ソ連側は八月八日二三時に日本に対して宣戦布告し、八月九日午前〇時を期して満州地方から戦端を開きました。ソ連側から見れば、ヤルタでの極東密約が定めた「ドイツ降伏から三カ月目」に符合するタイミングでした。

アメリカは、自らの手によって日本に止めを刺すため、その三時間後にはテニアン環礁からプルトニウム原爆を搭載したB29ボックス・カーを離陸させ、第二目標の小倉に向かわせました。進入経路の取り方に失敗したのに加え、八幡への焼夷弾攻撃による火災の煙が小倉の町を覆っていたため目標が目視できず、結果として原爆は第三目標の長崎に投下されましたが、広島・長崎に投下された二つの古典的原爆は今日までにおよそ三五万人の命を奪いました。

このように見てみると、開発したての原爆が相次いで日本の都市に投下された背景には、世界支配をめぐる米ソ両国のせめぎあいがあったことを見て取れるでしょう。

伝えられなかった生き地獄

広島・長崎の原爆投下の生き地獄の惨状が世界にリアルに伝えられていれば、いくら戦時とはいえ、原爆のような非人道的兵器は禁止されるべきだという世論が起こったかもしれません。しかし、日本を占領した連合軍の中核にあったアメリカは「プレス・コード」（報道管制）を敷き、原爆報道を厳しく禁止しました。国連が創立されたのは原爆投下の一カ月以上後の一九四五年一〇月二四日でしたが、国連憲章には核兵器を禁止する内容は含まれていません。実は、国連憲章原案は原爆投下の前年に開かれたダンバートン・オークス会議でアメリカ・イギリス・ソ連・中華民国の代表によって起草され、一九四五年六月二六日に開かれたサンフランシスコ会議で五一カ国が署名、原爆投下のころにはすでに批准過程に入り、そのまま原爆投下後の一〇月二四日にソ連が批准して発効したため、核兵器に関する条項は含まれませんでした。

こうして、世界の人々は、核兵器使用がどんなに非人道的な結末をもたらすかについて認識できないまま戦後を迎えました。そして、アメリカは翌一九四六年七月一日、ビキニ環礁での戦後初の原爆実験を皮切りに、再び核兵器開発に乗り出していきました。

戦争における唯一の被爆国である日本は、そのアメリカの支配のもとで翌一九四七年に新しい憲法（現行憲法）をもちましたが、核兵器による世界支配をもくろむアメリカの占領下での憲法には核兵器の非人道性に対する認識など書き込まれようもなく、戦争禁止条項を含む「輝かしい平和憲法」とされる日本国憲法にも、核兵器に関する条項は含まれませんでした。

結局、第二次世界大戦の最終盤に登場した未曽有の非人道的兵器としての核兵器を廃絶する課題は、その被害を身をもって体験した被爆者とその子孫、および、被爆者の心をわが心として核兵器の廃絶を求める国内外の広範な市民たちの手に委ねられることとなりました。

米ソ核軍備競争の激化と原水爆禁止運動の発足

戦後初のアメリカの原爆実験からわずか三年後の一九四九年八月二九日、ソ連が原爆実験を成功させました。その一カ月あまり後の一〇月一日には中国共産党に率いられる中華人民共和国が成立し、翌一九五〇年六月二五日には朝鮮戦争が勃発するなかで、アメリカは原爆の一〇〇〇倍も強力なスーパー爆弾としての水爆開発と、日本の再軍備へと向かっていきました。やがて米ソ両国がそろって水爆の開発に成功し、アメリカは、一九五四年、ビキニ環礁で一連の水爆実験（キャッスル作戦）に突き進みました。世界中に放射能の雨が降り、海産物の大規模な放射能汚染がもたらされました。

とりわけ、三月一日未明に行われたアメリカの水爆実験「ブラボー爆発」の威力は広島原爆の九五〇倍の一五メガトンでしたが、それはたった一発で「第二次世界大戦で使用された広島・長崎原爆を含むあらゆる銃弾・砲弾・爆弾の威力の総合計の五倍」に達するものでした。それは「力による世界支配」という政治思想がもたらした「暴力の極大化」を意味するものでしたが、七年後の一九六一年一〇月三〇日には、ソ連もまたノヴァヤゼムリャで五〇メガトン（第二次世界大戦一七回分）という途方もない水爆実験「ツァーリ・ボンバ」を行なうに至ります。

原水爆禁止運動は、アメリカによるビキニ水爆実験に対する日本国民の怒りとして火を噴きました。一九五四年三月一日未明に行われた「ブラボー爆発」は、マーシャル諸島島民はもとより、太平洋上で漁をしていた一〇〇〇隻近い日本の漁船にも「死の灰」（放射性降下物）を降り注ぎました。静岡県焼津港を母港とする第五福竜丸は、ビキニ環礁から一六〇キロも離れた海域で漁をしていましたが、「西の空から太陽が出た」と感じた異様な体験の後に甲板が「死の灰」で覆われ、二三人の乗組員が強い放射線にさらされました。

水爆実験の被害が知られるにつれて、漁業関係者や母親たちが抗議の声を上げ、その運動はみるみる全国に広がりました。それは全国各地の自治体決議や平和集会・市民大会などさまざまな形をとりましたが、なかでも各地の運動を串刺しにする形で急速に発展したのは、原水爆の禁止を求める「署名運動」でした。東京杉並区の主婦たちによる訴えと、被爆地・広島の諸団体による署名運動の提起をきっかけに、運動は燎原の火のように広がりました。

この署名運動の広がりのなかで、八月八日には、①各地の署名の成果を集計し、②署名に表れた日本国民の総意を内外に伝え、原水爆禁止に関する世界の世論を確立すること、を目的に「原水爆禁止署名運動全国協議会」がつくられました。署名の総数は、翌一九五五年八月六日に広島で開催された「原水爆禁止世界大会」初日に発表されましたが、八月三日までの集約で三二五八万三一二三筆――当時の有権者総数の半数に迫るものでした。そして、この息吹は、九月九日の「原水爆禁止日本協議会（日本原水協）」の結成へと発展し、さらに、翌一九五六年八月九日の「日本原水爆被害者団体協議会（日本被団協）」の結成へとつながってその後の原水爆禁止運動の基礎となりました。

ビキニ水爆被災事件を契機として日本で燃え上がった原水爆禁止運動の声は、世界の反核世論とも呼応しました。一九五五年七月、イギリスの哲学者バートランド・ラッセルとアメリカの物理学者アルバート・アインシュタインら一一人の著名な科学者が「ラッセル＝アインシュタイン宣言」を発表し、核兵器による人類の危機を訴えるとともに、紛争解決のための平和的手段を見出すよう勧告しました。同宣言は、「その存

図 大気中および地下核実験回数の推移

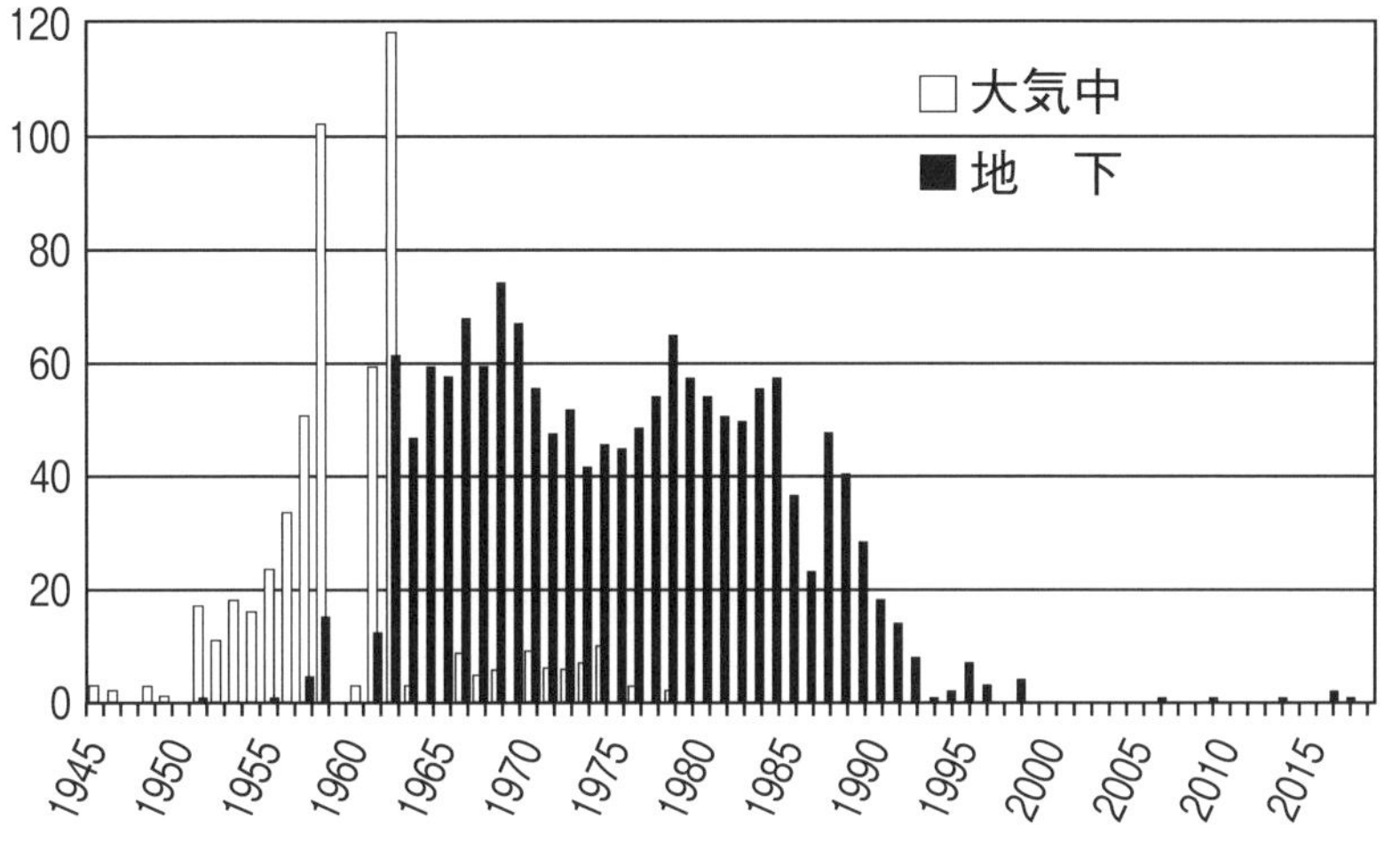

続が危ぶまれているヒトという種の一員として」核兵器の脅威をアピールしましたが、日本初のノーベル賞受賞者・湯川秀樹も署名しました。そして、イギリスに亡命したユダヤ人科学者であるジョセフ・ロートブラットは、この宣言にもとづいて、国境を越えて科学者が軍縮・平和問題を討議する「パグウォッシュ会議」運動に取り組み始めました。

部分的核実験禁止条約から核不拡散体制へ

繰り返される核実験のなかで世界中に沸き上がった反核世論に対して、米ソ両国は、一九六三年に「部分的核実験禁止条約（Partial Test Ban Treaty, PTBT）」に調印、発効させましたが、これは、大気圏・水圏・宇宙空間での核実験を禁止するものではあったものの、「地下核実験」という大きな抜け穴を残すものでもありました。この「抜け穴」の大きさは、上の核実験回数のグラフからも容易に読み取れるでしょう。結局、核兵器廃絶には役立たない条約でした。

ところで、一九六〇年代の原水爆禁止運動は、ある種の困難に直面しました。ビキニ水爆実験に対する怒りのなかで呱々の声を上げた原水爆禁止運動は、原水爆実験反対の署名運動を通して国民を大きく結集させ、その結果として「原水爆禁止日本協議会」を誕生させました。

しかし、その後、一九六〇年の日米安全保障条約の改定や、その前後のソ連の核実験の評価をめぐって鋭く意見が対立し、一九六一年には「核兵器禁止平和建設国民会議（核禁会議）」が、一九六五年には「原水爆禁止国民会議（原水禁）」がそれぞれ原水協から袂を分かって独立し、固有の運動を展開するようになりました。

原水爆禁止運動が統一を失ったのを契機に、市民団体は運動の表舞台から退かざるを得なくなり、日本青年団協議会（日青協）、地域婦人団体連絡協議会（地婦連）、日本生活協同組合連合会（日生協）などの市民団体にとっては不本意な時代が続くことになりました。

六〇年代の後半、米ソ英仏中の核保有国は、核保有国が無限定に増えることによって自分たちの核抑止体制が不安定化することを恐れ、一九七〇年には「核不拡散条約（Non-Proliferation Treaty, NPT）」体制を発足させました。この条約は、いまでは最も多数の国々が参加している軍縮条約で、締約国は一九一カ国に及んでいます。参加していないのは、インド・パキスタン・イスラエル・南スーダン、そして北朝鮮（脱退）だけです。

いったいどんな条約かといえば、要するに、アメリカ・ロシア・イギリス・フランス・中国の五カ国を「核兵器国」（Nuclear Weapon States）と定め、それ以外の国への核兵器の拡散を防ぐための仕組みです。核兵器国の定義は「一九六七年一月一日以前に核兵器その他の核爆発装置を製造しかつ爆発させた国」とされて

表1　核保有国一覧

区分	国名	核兵器保有年	保有核弾頭数(推定)	核不拡散条約	包括的核実験禁止条約
核保有国・核兵器国	アメリカ	1945 年	4,000	批准	未批准
核保有国・核兵器国	ソ連（現ロシア）	1949 年	4,300	批准	批准
核保有国・核兵器国	イギリス	1952 年	185	批准	批准
核保有国・核兵器国	フランス	1960 年	300	批准	批准
核保有国・核兵器国	中国	1964 年	270	批准	未批准
核保有国	インド	1974 年	60-80	未批准	未批准
核保有国	イスラエル	1979 年？	80	未批准	未批准
核保有国	パキスタン	1998 年	70-90	未批准	未批准
核保有国	北朝鮮	2006 年	＜10	脱退	未批准

※出典　核弾頭総数は“Status of World Nuclear Forces 2017”

表2　主な非核地帯条約

核軍縮の進展が見られないなかで、世界各地の非核地帯化が追求されてきました。

南極条約	1961 年	
宇宙条約	1967 年	
トラテロルコ条約	1969 年	ラテンアメリカ
海底核兵器禁止条約	1972 年	
ラロトンガ条約	1986 年	南太平洋
バンコク条約	1997 年	東南アジア
モンゴル非核兵器地位宣言	2000 年	
セメイ条約	2009 年	中央アジア
ベリンダバ条約	2009 年	アフリカ大陸

おり、この五カ国こそが、国連機構のなかで唯一拘束力をもつ安全保障理事会の常任理事国に外なりません。いってみれば、先行して核兵器を持った五カ国による核兵器独占体制を保障した条約なのです。

ＮＰＴは五年ごとに「再検討会議」が行われ、加盟国が条約を守っているかどうかについて点検が行われるのですが、非同盟諸国を含む多くの国々から、核兵器国が条約第六条の「核軍備競争の早期の停止および核軍備の縮小に関する効果的な措置につき、ならびに、厳重かつ効果的な国際管理の下における全面的かつ完全な軍備縮小に関する条約について、誠実に交渉を行なうことを約束する」という義務を果していないという指摘がありました。

国連軍縮特別総会の開催

ついに、一九七六年にコロンボで開かれた第五回非同盟諸国首脳会議でユーゴスラヴィアのチトー大統領が「国連軍縮特別総会（United Nations Special Session on Disarmament, SSD）」の開催を提唱し、これを受けて同年秋の国連総会が開催を決定、翌一九七八年五月に一四九カ国の参加を得て「第一回国連軍縮特別総会（ＳＳＤⅠ）」が開催されました。

前述したように、当時、日本の原水爆禁止運動は原水爆禁止日本協議会（原水協）、原水爆禁止日本国民会議（原水禁）、核兵器禁止平和建設国民会議（核禁会議）の三組織が分立している状態で、青年団や地域婦人団体や生活協同組合などの市民団体は、表舞台から退いていましたが、一九七七年二月、評論家の吉野源三郎、中野好夫、日本学術会議会員・三宅泰雄、元日本女子大学長・上代たの、日本山妙法寺山主・藤井日達の五氏が連名で「広島・長崎アピール」を発表し、これを受けて五月には原水協の草野信男氏と原水禁の森滝一郎氏が「国民的大統一」についての合意書を発表しました。人々の間には驚きと歓迎の声が上がりましたが、それぞれの組織間には、①「着実な軍縮措置の積み重ね」でいくのか、「あくまでも核兵器の完全廃絶を求める全面措置の実現」を追い求めるのか、②原子力の平和利用（原発問題）に対してどのような態度をとるのか、などの点で大きな意見の隔たりや戸惑いもありました。そのようななかで「被爆の実相とその後遺・被爆者の実情に関する国際シンポジウム」（通称「NGO被爆問題国際シンポジウム」）の開催が計画されました。日本原水爆被害者団体協議会（日本被団協）を中心に市民団体・労働団体・平和団体・科学者団体が共同して、この「人間の顔をした科学シンポジウム」を成功させたいという強い思いがありました。

運動は久しぶりに統一への機運を育みつつ活性化し、NGO被爆問題国際シンポジウムはショーン・マクブライド（元アイルランド外務大臣）、フィリップ・ノエル＝ベイカー（元・イギリス国会議員）、ジョセフ・ロートブラット（元パグウォッシュ会議事務局長）らノーベル平和賞受賞者を含む内外の著名な科学者の参加で、大きな成功を収めました。被爆の実相解明の点で重要な成果を生み出しただけでなく、原水爆禁止世界大会を統一集会として開催する大きな原動力にもなりました。

翌一九七八年には非同盟諸国のイニシアティブで「第一回国連軍縮特別総会（SSDⅠ）」が開催され、日本から五〇〇人をこえるNGO（非政府組織）代表団がニューヨークに送られました。その過程で、国連に核兵器廃絶を要請する二〇〇〇万人国民署名運動が進められ、平和運動団体や労働組合だけでなく、全国津々浦々の市民たちが草の根レベルで署名と代表派遣活動に旺盛に取り組みました。長年原水爆禁止運動に取り組んできた原水協と原水禁の間にはなお不協和音が残っていましたが、五〇二名の統一代表団はニューヨーク国連本部での署名活動やアメリカ各地での市民交流活動を展開しました。SSDⅠも「核兵器廃絶は最優先課題」と位置づけた最終文書を採択し、帰国した代表団も各地で報告集会を組織するなど、日本の原水爆禁止運動は市民団体の再結集によって新たな息吹を獲得しつつありました。平和運動や労働組合員だけでなく、宗教家も科学者も教員も学生も画家も音楽家も詩人も舞踊家もスポーツマンも主婦も、さまざまな平和活動に参加する姿が見られました。

原水爆禁止運動団体の間には一九六〇年の運動分裂の経緯に起因する深刻な対立が残っていましたが、原水爆禁止世界大会は統一裏に開催され、一九八二年に開かれるSSDⅡに向けて新たな国民署名運動と代表派遣運動が活発に取り組まれました。警戒したアメリカ政府当局は日本代表団の入国に難癖をつけましたが、一〇〇〇人をこえる代表団がニューヨークに、それを果たせなかった代表たちは西ドイツ（当時）の首都ボンなどヨーロッパに派遣されました。SSDⅡそのものはアメリカの巻き返しもあって期待されたような成果を生み出せませんでしたが、ニューヨークの一〇〇万人デモ、ボンの五〇万人集会など、反核・平和運動の高揚は国際的にも市民たちに大きな励ましを与えました。

こうした取り組みによって生じた最も大きな変化は、それまで平和運動に参加していなかった「普通の市民たち」が全国津々浦々で非核・平和自治体宣言運動などに公然と取り組む姿が見られるようになったことでしょう。

原水爆禁止世界大会の統一開催自体は一九八七年に幕を閉じましたが、その後はそれぞれの団体がそれぞれの組織原則に応じた固有の活動を展開しながら、互いに合意できるテーマについては共同するというスタイルが定着しつつあります。その根底には、「核戦争阻止、核兵器廃絶、被爆者援護・連帯」という三つの思いがあるように思います。

市民の力が非核をめざす国家と連携して歴史を動かす

一九八〇年代から九〇年代にかけて、米ソ両国は、米ソ中距離核戦力全廃条約（ＩＮＦ、一九八七年）、米ソ第一次戦略兵器削減条約（ＳＴＡＲＴⅠ、一九九一年）、第二次米ロ戦略兵器削減条約（ＳＴＡＲＴⅡ、一九九三年）などを締結しましたが、核兵器廃絶への道には遠く、多くの国々が打開の道を模索していました。「核不拡散条約」が期限切れとなる一九九五年には、その延長をめぐって議論がありましたが、ジャヤンタ・ダナパーラ議長の下で採択なしで「無期限延長」が決められました。

翌一九九六年には第五〇回国連総会で「包括的核実験禁止条約（Comprehensive Test Ban Treaty,CTBT）」が圧倒的多数で採択されましたが、**表1**（17頁）にあるように、批准したのはロシア、イギリス、フランスだけで、他の核保有六カ国は批准していません。

一方、もう一つの重要な動きがオランダ・ハーグの国際司法裁判所（International Court of Justice, ICJ）でありました。国連から「核兵器による威嚇またはその使用は国際法の下のいかなる状況においても許されるか」という諮問が国際司法裁判所に対してなされましたが、同裁判所は、一九九六年七月八日に「勧告的意見」を発し、「核兵器の威嚇または使用は武力紛争に適用される国際法の規則に一般的に違反する」としながらも、「国家の存亡そのものが危機にさらされるような極端な場合に核兵器の威嚇や使用が合法か違法かについて裁判所は最終的な結論を下すことができない」としました。やや煮え切らない印象ですが、この「勧告的意見」が出される過程でも、多くの市民が署名運動に取り組み、広島・長崎市長らが核兵器廃絶を願う立場から渾身の証言を展開しました。翌年に暴漢の凶弾に倒れた伊藤一長・長崎市長は、原爆で黒焦げになった少年の写真を振りかざしながら、愛娘の面影を重ねて涙ながらに「この子たちに何の罪があるのですか？」と問いかけ、感動を与えたことは大きく報じられました。

一九九七年の国連総会は、国際司法裁判所の勧告的意見を踏まえ、「核兵器廃絶をめざす多国間交渉を開始するよう求める決議」を採択し、二〇〇〇年の核不拡散条約再検討会議は、その最終文書で「自国の核兵器の完全廃絶を達成する」という「核保有国の明確な約束」を確認するに至りました。

世界的には、一九九五年に専門家や退役軍人を含む「アボリション２０００」が核兵器廃絶の国際的な平和戦略を進め、カナダ軍縮大使だったダグラス・ローチ氏らを中心とする「中堅国家構想（ＭＰＩ）」も創設されました。

やがて、自治体や国家も平和の活動にイニシアティブを発揮するようになり、非核自治体宣言協議会や平和市長会議は、内外の自治体に核兵器廃絶の重要性を訴え、広島・長崎両市の市長は前述した国際司法裁判所での証言活動やハーグ市民会議（一九九九年）などでも重要な役割を果たし、両市が主催する平和記念式典での平和宣言も国際的な注目を集めるようになりました。

このような市民社会の声に押されて、国家のレベルでも、核兵器廃絶を要求する「新アジェンダ連合」（スウェーデン、アイルランド、ブラジル、メキシコ、ニュージーランド、エジプト、南アフリカ）も発足し、国連総会に「核兵器のない世界──新たな課題（アジェンダ）の必要性」という決議案を提出するなど、国際政治の舞台で重要なイニシアティブを発揮しました。

そして、核兵器禁止条約への流れが

このような、市民、非政府組織、自治体、心ある国家連合の努力は、最近一〇年の間に目覚ましい前進を遂げました。

二〇一〇年五月には、「核不拡散条約再検討会議」の最終文書で、「核兵器のない世界を達成するのに必要な枠組みを確立する特別な取り組み」について合意されました。

二〇一三年三月と二〇一四年二月、一二月には、「核兵器の人道的影響に関する国際会議」が開催され、被爆者の証言も大きな役割を果たしました。

ついに、二〇一六年五月、八月には「核兵器禁止に向けた国連作業部会」が開催され、その成果を受けて、二〇一七年三月に「核兵器禁止条約の国連会議・第一会期」が、続いて七月には「第二会期」が開催され、七月七日に「賛成一二二、反対一、保留一」の圧倒的多数で歴史的な「核兵器禁止条約」が採択されるに至りました。核保有国ばかりか、その「核抑止政策」に依存しているドイツ、日本、韓国などが参加していないという重大な課題が残されていますが、国連加盟国のほぼ三分の二にあたる国々が、核兵器の完全廃絶を求める包括的な内容の条約を取り決め、国際政治の俎上に乗せたことは人類史上の重要な一歩というべきでしょう。私たちは、日本の原水爆禁止運動に責任をもつものとして、日本政府がアメリカの核兵器に依存して「核兵器禁止条約」に背を向けている深刻な事実に向きあい、その克服のためにさらに力を合わせなければならないでしょう。

これまで、日本の原水爆禁止運動は、「核戦争阻止、核兵器廃絶、被爆者援護・連帯」を合言葉に、半世紀以上もの長いあいだ、原水爆禁止運動にねばりづよく取り組んできました。

四〇年近くも日本の原水爆禁止運動に参加してきたアメリカ・フレンズ奉仕委員会のジョスフ・ガースンさんは、次のように述べています。

「戦時に核兵器の標的となった唯一の国として、日本の平和運動が果たす特別の歴史的役割は尊重されなければなりません。被爆者の証言、署名運動、核の傘や核抑止論の批判や告発、デモ、さまざまな共同の取組み、代表団派遣、次世代の廃絶活動家の育成などをつうじて皆さんは世界の灯台として日本と世界の〝民衆の心理〟を変化させ、変革してきました。これからもその活動を続けてください」

ビキニ水爆被災事件に端を発する日本の原水爆禁止運動は、着実に影響力を広げ、世界に歴史的な変化をもたらそうとしています。その努力の総仕上げのために、「核戦争阻止、核兵器廃絶、被爆者援護・連帯」のメッセージの重要な意味を若い世代に伝えるとともに、問題を「等身大」にときほどいて多彩なアイディアを駆使しつつ、「世界大」の核廃絶の問題に果敢に取り組みましょう。

核兵器禁止条約の中心点とヒバクシャ国際署名の意味

林田 光弘

二〇一七年は大きな変革の年でした。七月七日には核兵器禁止条約が成立、一〇月六日には条約締結へ向けて尽力したＩＣＡＮ（核兵器廃絶国際キャンペーン）がノーベル平和賞を受賞しました。

こうした流れは、核なき世界を望む私たちにとって喜ばしい状況である一方で、裏を返せばそれだけ核兵器廃絶の必要性が叫ばれるような厳しい現実があることを示しています。

残念なことに、唯一の戦争被爆国である日本は条約に署名・批准していません。それどころか、日本はこの条約が「核兵器国と非核兵器国の溝を深める」として交渉会議に参加を拒否し、現在もその主張を繰り返しています。

条約には日本と同じように拒否感を持つ国が少なくありません。その背景には、北朝鮮の核実験、アメリカの核戦略見直し[1]、ロシアの新型核兵器開発[2]など、核兵器をめぐる緊張の高まりが確かに存在します。

実際、核兵器禁止条約は批准国が思うように増えていません。二〇一八年六月一〇日現在、批准は一〇カ国しかおらず、発効の目処はたっていない状況です（条約は五〇カ国の批准から九〇日後に発効）。

それでは、核兵器禁止条約成立は意味がなかった出来事だったのでしょうか。そもそも、これだけ核保有国とその同盟国から否定されるなかで、どのようにして条約を成立させることができたのでしょうか。また、これから先どうなっていくのでしょうか。

本稿ではまず、核兵器禁止条約成立までの過程と、その条約成立を後押しした市民社会の動き、とりわけ日本国内で中心を担ったヒバクシャ国際署名について時系列で概観します。その上で、核兵器禁止条約の意義、そして残された課題を整理したいと思います。

核兵器と核不拡散条約（NPT）

一九四五年八月に広島と長崎に核兵器が使用されたのち、世界は冷戦という核時代へと突入しました。冷戦下、ソ連、イギリス、フランス、中国と核保有国は増え続け一九八〇年代後半、核兵器の数は六万発にのぼりました。

一九六八年、核兵器がこれ以上世界に広がることを防ぐためにNPTがつくられました。NPTは今日まで核軍縮の基盤となっている条約で、一九一カ国が加盟しています。NPTの誕生により、平たくいえば世界は「核兵器を持っていい国／核兵器国」と「持ってはいけない国／非核兵器国」に分けられました。核兵器国は、条約成立時までに核兵器を保有した五カ国を指し、核軍縮を誠実に交渉する義務を負います。非核兵器国は、核兵器を持たないことを誓約する代わりに平和利用の権利が与えられています。

世界はこの体制下で核軍縮を進め、核兵器の数を現在約一万五〇〇〇発まで削減させてきました。一方で、非核兵器国からしてみれば、どれだけ削減しようが、ゼロにならない限り不平等を受け入れる状況は続くことになります。

その後のNPT

ＮＰＴ体制は核兵器国を五カ国に限定しようとしましたが、現在核保有国は九カ国存在します。ＮＰＴのもと「合法的な」核兵器国である五カ国、条約に加盟していないインド、パキスタン、イスラエル、そして二〇〇三年に条約を脱退した北朝鮮です。当然のことですが、条約に加盟しなければ、ＮＰＴの条文には縛られません。しかし、違法に核兵器を保有する国を加盟させ、その上で五カ国が段階的に核兵器を減らし、ゼロにすることはとても難しいことです。

例えば、北朝鮮は「アメリカの核兵器から自国を守るため」に核兵器を保有していると主張しています。アメリカは自らの核兵器を破棄しない限り、北朝鮮は条約へ参加しないとわかってはいても、自国と同盟国を核兵器で守る責任を抱えるから破棄をすることはできないというジレンマを抱えます。その結果、この間北朝鮮を糾弾し多国間で圧力をかけて打開しようと試みました。しかし、こうした交渉は思うような成果をあげてきませんでした。

ＮＰＴ体制の行き詰まりに気付きながらも、核兵器国はこの状況を打開するために説得力を持った行動を一向に示してきませんでした。一九九五年までを予定していたこの体制が無期限延長になって以降、ＮＰＴは五年に一度再検討会議を行なっています。二〇〇〇年と二〇一〇年にはそれぞれ核軍縮に向けた計画が採択されましたが、それらの約束を核兵器国は裏切り続けました。それだけでなく、冒頭で示した通り、自国とその同盟国を守ることを正当化して、核拡散を行っている始末です。

こうした状況を変えるべく、非核兵器国は打開策を検討してきました。そのうちの一つが、核兵器を法的に禁止するというアプローチだったのです。

六月一二日、シンガポールで米朝首脳会談が行われました。この会談が圧力の成果なのか、行き詰まりからくる打開策なのかは現段階ではわかりません。両首脳は共同声明を発表し、北朝鮮体制の保証の代わりに朝鮮半島の完全な非核化をすることを確認しましたが、具体性のある議論は生まれませんでした。

いつまでに、どのような枠組みのもと非核化を進めるのか。また、検証はどのようにして行うのか等が話題に上がりましたが、ＮＰＴは本来五カ国以外への核拡散を防止するための枠組みであるため、ＮＰＴだけで北朝鮮を非核化することは難しいといえます。

核兵器を国際法で禁止する

一九九六年七月、国際司法裁判所（ＩＣＪ）が核兵器の使用・威嚇の合法性に関する勧告的意見をだしました。核兵器の使用は「一般的に」国際人道法に違反する、と最も権威のある裁判所が判断したのです。留意しなければならないのは「一般的」という表現で、「国家の存続に関わる自衛の極限的な状況」では違法性を判断できないとされたことです。

また、ＩＣＪはもう一つ重要な結論を下しました。それは「全面的な核軍備撤廃に向けた交渉を誠実に行い、かつ完結させる義務がある」というものです。つまり、核兵器を廃絶するための条約交渉へ世界が歩むべきであるという視点が示されたのです。

ＩＣＪのこの勧告以降「モデル核兵器禁止条約」や「核兵器禁止条約交渉開始を求める国連決議」など、二〇一七年に成立した核兵器禁止条約の議論の基盤となるような提案が表舞台で議論されるようになりました。しかし、こうした議論は途上国を中心とした一部の非核兵器国が「理想」として掲げているに過ぎないと、現実味のない主張として核兵器国に無視され続けてきました。

転換期

二〇〇八年、当時の国連事務総長であった潘基文《パンギムン》は「五項目の提案」を発表し、核兵器禁止条約の交渉を呼びかけました。その提案に呼応して二〇一〇年四月にはＮＰＴ再検討会議直前に赤十字国際委員会（ＩＣＲＣ）のヤコブ・ケレンベルガー総裁がジュネーブで演説を行い(3)、核兵器の「非人道性」に対する考慮のもと、核軍縮をめぐる議論が行われるべきだと主張しました。

この二つの動きは直後に開催された二〇一〇年ＮＰＴ再検討会議の議論を大きく発展させ、全会一致で採択された最終合意文章では、潘国連事務総長による核兵器禁止条約交渉会議への提案が留意されることになりました。

その後、ＩＣＲＣは二〇一一年の代表者会議の決議で、世界すべての国へ「核兵器禁止条約」締結を要求し、この流れをさらに後押ししました。

「核兵器の非人道性」

この再検討会議で中心を担ったスイスとノルウェーが中心となり、新たに二つの流れが生まれました。

一つ目が「核兵器の非人道性に関する共同声明」です。始まりは二〇一二年五月にウィーンで開催されたNPT再検討会議準備委員会の場でした。声明は一六カ国の連名で発表され、NATO加盟国であるデンマークとノルウェーが参加していたことから大きな話題になりました。その後声明は二〇一五年までに計六度も発表されました。

そして、もう一つがこの声明と並行して計三回行われた「核兵器の非人道性に関する国際会議」です。この国際会議では、被爆者や被爆三世の高校生平和大使も発言し、被爆地から核兵器を禁止廃絶する必要性を訴え、議論の前進に貢献しました。(4)

これらの二つのムーブメントは「核兵器の非人道性」という一つの大きな潮流を生み出し、核保有国をも無視できない状況をつくりだしました。この流れを受けて、二〇一五年NPT再検討会議では最終合意文書の採択にこそ至らなかったものの、核兵器禁止条約が初めて本格的に議論されました。核兵器を法的に禁止すべきだという主張はもはや夢物語ではなく、無視できない議論へと前進したのです。

その後、国連総会決議を経て二〇一六年には核兵器を法的に禁止するための話し合いの場が国連「核軍縮」公開作業部会（OEWG）という形で設定されました。

ヒバクシャ国際署名のはじまり

「後世の人びとが生き地獄を体験しないように、生きている間に何としても核兵器のない世界を実現したい」

二〇一六年三月二三日、日本原水爆被害者団体協議会（以下、日本被団協）は記者会見を行い、平均年齢

八〇歳を超えた世界の被爆者九名が呼びかけ人となって「ヒロシマ・ナガサキの被爆者が呼びかける核兵器廃絶国際署名」（通称：ヒバクシャ国際署名）を呼びかけました。[5] 発表された署名用紙は、世界中の被爆者から文章を集め、編集作業を繰り返し、半年かけて完成しました。

署名の趣旨は「核兵器を禁止し廃絶する条約をすべての国が結ぶこと」であり、提出先は毎年の国連総会。活動の期限は二〇二〇年で、目標として累計数億筆が掲げられました。これは一九五〇年に世界から五億筆集めたといわれるストックホルムアピールを意識した数でもあります。

被爆者は二〇一〇年のNPT再検討会議以降、核軍縮のメインストリームに躍り出た核兵器禁止条約に希望を託したのです。呼びかけ人の代表である被団協事務局長（当時）田中熙巳さんは「禁止条約は私たち被爆者を含め、運動に参加している人には期待されているが、一般的には知名度がまだ低い。署名を通じて世論形成をすることが重要。被爆者の呼びかけであれば、世界中の市民を巻き込んで世論を動かすことができる」と語っています。[6]

署名活動は被爆者運動の原点です。一九五四（昭和二九）年の第五福竜丸の被災によって始まった原水爆禁止署名活動をきっかけに、一九五六年八月一〇日長崎で開かれた第二回原水爆禁止世界大会のなかで被爆者の全国組織として日本被団協が結成されました。[7] 結成宣言では「核兵器廃絶」と「原爆被害への国家補償」の要求を擁立しました。被爆者はこの二つの要求をいまも訴え続けています。

今回、被爆者が最後の叫びとして署名活動を選んだ背景には、こうした運動の原点に世界の人が目を向けてほしいという願いが込められています。いまや平均年齢八〇歳を超えた被爆者にとって「二度と核兵器による過ちを繰り返さない」という平和の誓いを継承することは一番の課題。条約をつくることは、条文に被爆者の想いを残す一つの継承の形なのです。

広がるヒバクシャ国際署名

ヒバクシャ国際署名の広がりは、被爆者の期待を大きく上回るものになりました。三月の記者会見時に保守・革新、宗教、世代を超え多くの団体が賛同したばかりか、その動きはすぐに全国に広がりました。中央で運動をまとめる組織「ヒバクシャ国際署名推進連絡会」（通称：ヒバクシャ国際署名連絡会）は八月六日に広島で発足。地域ごとに地域連絡会が組織され、地域の特徴を活かした活動が展開されていきました。現在、中央連絡会には四六団体が所属し、地域連絡会の数は二五都道府県まで広がっています。地域によっては「ヒバクシャ国際署名推進ねりま連絡会」など、市区町村単位にも連絡会が生まれています。

また、被爆者の願いは自治体首長にも届いています。現在、自治体首長からの署名は一〇六〇筆を超え、その数は日本の総自治体数の半数を上回りました。

世界の地方自治体で構成される国際機構、平和首長会議は二〇二〇年までの行動計画のなかでヒバクシャ国際署名と連携し「核兵器禁止条約」の早期締結を求める署名活動をすすめることを決めています。平和市長会議は現在一六三カ国七五六八都市が加盟するネットワークを持っている巨大組織で、彼らの協力によって世界各地から署名が届くようになりました(8)。

核兵器禁止条約交渉会議

二〇一六年八月一九日、ＯＥＷＧが「核兵器を禁止し全面廃棄に導く法的拘束力のある文書」を交渉する会議の開催を勧告しました。そして同年一〇月、国連総会第一委員会において「核兵器禁止条約を交渉する国連会議」の開催が賛成多数で採択されました。会議は翌年二〇一七年三月と六月から七月にかけての大きく二期、合計四週間行われることになりました。

決議案は一二三カ国の賛成多数で採択されましたが、日本はこれに反対票を投じています。この間、核兵器国と非核兵器国の橋渡し役を明言していた日本政府が棄権ではなく反対票を投じたことに対して多方面から落胆の声が絶えませんでしたが、その状況は同盟国アメリカからの強い圧力を意味しました。アメリカは採択以降もＮＡＴＯなど同盟諸国に交渉会議参加を拒否するよう働きかけました。

ヒバクシャ国際署名も会議を後押し

この決議案提出に合わせて、ヒバクシャ国際署名は日本被団協事務局次長藤森俊希さんを国連に派遣し、第一委員会議ザブリ・ブカドゥム議長に五六万四二四〇筆の署名目録を提出しました。

藤森さんはその五カ月後の二〇一七年三月に行われた第一期交渉会議でも海を渡りました。その際、コスタリカ大使のエレン・ホワイト交渉会議議長と面会し「次回の会議の際、みなさんの署名をたくさん私のところに届けてほしい」と提案を受けました。また、藤森さんはこの第一期交渉会議冒頭、被爆者を代表してスピーチも行ないました。これから条約の中身を決めようという会議の冒頭に行われた被爆者のスピーチは大きな反響をもって受け止められました。

ホワイト議長からの要請もあり、六月の第二期核兵器禁止条約交渉会議の開会時に合わせて署名を集約しました。提出の際、ホワイト議長は交渉会議の会議場内で提出の機会をつくってくれました。その場には新しく国際連合事務次長に就任した中満泉さんも同席しました。

また、ヒバクシャ国際署名はそのほかにも会議に合わせて世論喚起を積極的に取り組みました。議員会館での集会や、被爆者を国連に派遣する資金集めとしたクラウドファンディング。禁止条約交渉会議直前に行われた「Peace Wave 2017 vol.1」では国内だけで七〇カ所、海外でも六カ国一七都市が参加する大きなムーブメントとなりました。Peace Wave は禁止条約成立後も vol. 2として再び行われ、最終的に全国一八〇カ所、一二カ国でアクションを展開しました。

核兵器禁止条約の成立

二〇一七年七月七日、核兵器禁止条約が一二二カ国の賛成多数で採択されました。オーストリア、メキシコ、南アフリカといった「核兵器の非人道性」の議論を主導してきた国々、ICANや赤十字国際委員会などNGOも大きな役割を担いました。

日本からは代表して再び藤森さんが会議に参加しました。藤森さんは記者のインタビューに対して「核兵器なき世界を訴えて亡くなった（被爆者の）方々に、ついに核兵器を禁止する条約ができましたと報告したい」と涙ながらに喜びを語りました。(9)

核兵器禁止条約の理念

ここからは条約の中身について簡単に解説したいと思います。

条約において前文とは、条約の背景や理念を説明する導入部分。核兵器禁止条約もその高らかな理念が生き生きと描かれています。

禁止条約の前文ではまず、ヒロシマ・ナガサキ、さらには核実験の被害者たちの受けた「苦痛」に留意した上で、「いかなる核兵器の使用も国際人道法に違反し、人道の諸原則・公共の良心に反する」と書かれてあります。この前文から読み取れるのは、この条約が軍縮条約と人道条約の二つの顔を持っているということです。

また、前文では国連が誕生して以来、人類が獲得した新たな視点が多く盛り込まれました。貧困や飢餓、環境問題などは、アマルティア・センや緒方貞子さんが提唱した「人間の安全保障」の文脈に則ったものです。被害を受ける際、女性に対して不均衡な影響が及んでしまうことに対して言及が入ったことも、UN Womenなど今日までの国連の取り組みの成果といえます。核兵器禁止条約はそうした人類にとっての新しい権利という文脈の上に位置付けられているのです。

条文の幹

核兵器禁止条約が成立したことで核兵器の「いかなる状況」での使用を禁止しただけでなく、つくること、実験すること、持ちこむこと、そしてそれらを助けることも一切禁止になりました。

また、条約では核兵器の廃棄とその検証、被害者の援助、そしてこの条約の改定方法などについても定めています。これらの条文から見えてくるのは、この条約を核兵器廃絶へと結びつけようとする推進国の熱意です。推進国は、なによりまず条約を発効させることで（保有国が入らなくても）、核兵器を禁止するルールをつくることを目指しました。そしてその後、保有国が参加しやすいように核兵器を持ったまま段階的に参加するための仕組みを明記し、あえて廃棄・検証のプロセスに発展の余地を残したのです。

今後の目標はまず五〇カ国を批准させ、早期に条約を発効させることです。その後、その一年以内に締約国会議が開催され、発効から五年後には再検討会議が行われます。その間、既存のＮＰＴの枠組みと足並みをそろえながら条約加盟国をどのようにして増やすのかを模索することになります。

保有国が参加しないと意味がないのか

核兵器が法的に禁止されたということは「核兵器は悪い兵器である」という悪の烙印が押されたことを意味します。

「核兵器国が入らなければ、条約をつくる意味はない」という主張がありますが、そもそも今回の条約は実は最初から核保有国がすぐに参加することを想定していません。つまり、まずは「核兵器は悪い兵器」という明確なルールをつくり、核兵器国を囲い込むという作戦です。

こうした「禁止先行型」のアプローチは他の兵器で実績があります。代表的な例は、地雷を禁止したオタワ条約です。対人地雷は、核兵器や毒ガスなどと同様、残虐性が高い兵器として他の通常兵器と区別するために大量破壊兵器と呼ばれています。

オタワ条約ができるまで、地雷は世界中のあらゆる戦争・紛争で大量に使われてきました。しかし、条約ができたことより価値観の転換が起こり、多くの国が地雷を使いづらくなったのです。一九九〇年代に一三〇カ国以上が地雷を保有していましたが、いまやその数は半分以下の五〇カ国に減りました。使用や製造は少数の国を除きほとんど行われておらず、輸出入に至っては事実上行われていないといわれています。

オタワ条約に学ぶキャンペーン

もう一点、このオタワ条約のプロセスから私たちが学ぶべきは世論づくりです。対人地雷も、ＩＣＡＮのような国際的なネットワーク組織「地雷禁止国際キャンペーン（ＩＣＢＬ）」が運動の中心を担いました。このキャンペーンは一九九二年に設立後、条約が成立した一九九七年以降も展開、現在は世界一一〇〇を超える団体が加盟しています。また、ＩＣＡＮと同様に条約成立後にノーベル平和賞を受賞しています。

ＩＣＢＬは巧みな広告戦略を用いて価値観の転換を引き起こしたといわれています。特に影響が大きかったのはテレビです。この運動に賛同したダイアナ妃が連日テレビに出演し、地雷により手や足を失った子どもと一緒にいる映像が放映されました。地雷が軍人だけでなく、子どもや女性、老人を傷つける「悪い兵器」だというメッセージを世界に訴えたのです。

広告戦略の効果によって、世界中で市民が立ち上がりました。その結果、条約に署名・批准しなかった国も戦地で地雷を使ったり、国内で地雷を製造できなくなりました。アメリカはいまだにこの条約に加盟していませんが、条約成立後に一度も地雷は使用しておらず、その後製造も中止にしました。

いまこそヒバクシャの声を世界へ

オタワ条約のプロセスを見た時「核兵器がいかに危険で非人道的であるか」を世界で示す動きが非常に重要だということがわかります。つまり、いまこそ唯一の戦争被爆国である日本の市民が被爆者の被爆体験を世界に訴える時なのです。その意味で、ヒバクシャ国際署名の取り組みは非常に大きな力を発揮するはずです。

戦後、被爆者は度々海外へ赴き、証言を繰り返してきました。しかし、残念ながら被爆体験が十分に世界に伝わっているとはいえません。私たちは、核兵器によって壊滅的な破壊と隣り合わせにいるにも関わらず、その被害をほとんどの人がリアリティをもって想像できていないという恐ろしい状況下にいるのです。この状況を変えない限り、核兵器に対する価値観の転換は起こりません。

まだ核抑止にしがみつくのか

残念なことに、日本国内でも核兵器禁止条約否定論が存在します。そのなかでも最も声が大きいのが、「安全保障の現実を無視している」という主張です。言い換えれば、自分たちを守るためには核兵器が必要だというものです。

私たちの平和は本当に核兵器が存在することによって保たれてきたのでしょうか。核抑止は「安全神話」ではないと断言できるのでしょうか。もし仮に、この主張が真理であるとすれば、私たちはＮＰＴ体制までも否定し、全ての国が核兵器を持った方がよいという主張にもつながらないのでしょうか。

核抑止が本当に機能しているのかについては、今日まで議論が絶えません。(10) 核抑止とは核兵器の持つ圧倒的な破壊力で攻撃を受けた時のことを想像した時、相手は報復を恐れて攻撃することを「思いとどまる〝だろう〟」という心理学的な過程を指します。しかし、この理論は相手が理性的な判断をすることを前提につくられており、理性的な判断が欠落するケースは想定されていません。

私たちは、アメリカの「核の傘」のもとにいることが本当に安全なのかを議論しなければいけません。まずは、そもそも核抑止と向き合うことから始める必要があるはずです。

核兵器の終わりか、私たちの終わりか

二〇一〇年以降の議論の蓄積を振り返れば、もしも核兵器が使用された場合、取り返しのつかない人道上の結末をもたらし、救護すら不可能となります。その被害は一部に限定することが極めて難しく、多くの民間人が巻き添えになります。また、報復が起こり一度核戦争になれば、地球の存続そのものが危ぶまれる状況になってしまうのです。

核兵器にしがみついた政策が本当に現実的なのか。禁止条約を軸に全世界の人々が真摯に向き合う必要があります。

ＩＣＡＮのベアトリス・フィン事務局長はノーベル平和賞授賞式で次のように語っています。

「核兵器の物語には終わりがあります。どのような終わりを迎えるかは、私たち次第です。核兵器の終わりか、それとも私たちの終わりか。そのどちらかが起こります」

フランス革命、公民権運動、レインボーパレード。封建主義、人種差別、ＬＧＢＴ差別などこれまでの固定概念、価値観を変えてきたのは市民運動です。このような転換を起こす時、必ず反発が起こります。「お前の職が奪われる」「神を冒涜している」「暴力が溢れる」「病気が広がる」……しかし、こうした事態はほとんど起こりませんでした。

今度は、核兵器を禁止し、廃絶する番です。被爆者の被爆体験ときちんと向き合えば、核兵器はすべての人々に対して使用してはならないのは明らかです。

変革は被爆者の力だけでは起こせません。被爆者の声は「核兵器による平和」という安全神話からの目覚ましです。この問題は、すべての人類が当事者。つまり、私たちの問題なのです。いまこそ核兵器廃絶を実

現させましょう。

注

1 朝日新聞「核運用拡大へ米新戦略 弾頭小型化、通常兵器への反撃も『核なき世界』転換」（二〇一八年一月一三日付朝刊）。

2 BBC「プーチン露大統領、『無敵』の核兵器を発表」（二〇一八年三月二日）http://www.bbc.com/japanese/43253285

3 特定非営利活動法人ピースデポ「核兵器・核実験モニター第355号」五頁〜六頁（二〇一〇年七月一日）。

4 朝日新聞「メキシコで核廃絶を訴え 国際会議前にNGO集会」（二〇一四年二月一四日付朝刊）。

5 （呼びかけ人被爆者代表）田中熙巳【日本被団協・事務局長】（呼びかけ人被爆者）坪井直、谷口稜曄、岩佐幹三【日本原水爆被害者団体協議会（日本被団協）代表委員】郭貴勲【韓国原爆被害者協会・名誉会長】向井司【北米原爆被害者の会・会長】森田隆【ブラジル被爆者平和協会・会長】サーロー・セツコ【カナダ在住】山下泰昭【メキシコ在住】

6 二〇一六年三月二四日に行われた署名参加を呼びかけた被団協主催の記者会見発言より。

7 日本原水爆被害者団体協議会日本被団協史編集委員会『ふたたび被爆者をつくるな〈本巻〉―一九五六―二〇〇六日本被団協50年史』（あけび書房、二〇〇九年）

8 平和首長会議ウェブサイト http://www.mayorsforpeace.org/jp/（二〇一八年四月二〇日閲覧）

9 日本経済新聞「『70年間待っていた』 核禁条約採択で被爆者ら涙」（二〇一七年七月八日）https://www.nikkei.com/article/DGXLASDG08H0M_Y7A700C1CC0000/

10 ウォード・ウィルソン（黒澤満日本語監修ほか）『核兵器をめぐる5つの神話』（法律文化社、二〇一六年）六九頁―九七頁。

参考文献

川崎哲『新版 核兵器を禁止する――条約が世界を変える』（岩波ブックレット、二〇一八年）
NPO法人ピースデポ『イアブック「核軍縮平和二〇一五―一七」市民と自治体のために』（高文研、二〇一七年）
NPO法人ピースデポ『イアブック「核軍縮平和二〇一二」市民と自治体のために』（高文研、二〇一二年）
ウォード・ウィルソン（黒澤満日本語監修ほか）『核兵器をめぐる5つの神話』（法律文化社、二〇一六年）
スティーブン・リーパー『二〇二〇年東京オリンピック日本が世界を救う――核をなくすベストシナリオ』（燦葉出版社、二〇一四年）

戦後国際政治史のなかの核兵器禁止条約の意味
——核抑止論の克服と原爆神話からの解放

木村　朗

現在の核問題をめぐる世界情勢は、核戦争の危機と核廃絶のチャンスという明暗二つの側面が同時進行中です。一方では、二〇一七年七月七日に国連会議で一二二カ国の賛成で広島・長崎への原爆投下以来初めての、核兵器を違法とする画期的な「核兵器禁止条約」が採択されました。それは、法的拘束力を持つ核軍縮関連の条約としては実に二〇年ぶりの交渉成立であり、その結果、核軍縮の機運が世界中で高まっています。また他方では、中東地域におけるシリア内戦をめぐる米ロ対立の激化や東アジア地域での北朝鮮の核・ミサイル開発をめぐる米朝関係の緊迫化などを受けて、世界終末時計が人類滅亡まであと二分半という六三年ぶりの「危機的状況」を示しているからです。この朝鮮半島情勢をめぐっては、現在、南北対話や米朝対話といった新しい動きがみられるものの依然として楽観視できない状況が続いています。

そうした激動する状況下で、いま私たちはどのような選択を迫られているのかを核をめぐる戦後史を振り返りながら考えてみたいと思います。

(1) 核抑止論の原点としてのマンハッタン計画と原爆神話の形成

核時代の幕開けと冷戦開始の合図となった原爆投下

アジア太平洋戦争末期に米国によって日本の広島・長崎に対して行われた原爆投下は、人類にとって核時代の幕開けを告げたばかりでなく、戦後世界における冷戦の開始の合図となりました。つまり、原爆投下は、人類最初の核戦争ばかりでなく、戦後世界を長く支配することになる冷戦という二つの異なる「新しい戦争」の扉を開く契機となったわけです。この冷戦は、第二次大戦末期における米ソ間の戦後構想をめぐる対立から生じたものであり、ある意味で戦争(それも最初の核戦争)の産物であったのです。また、冷戦は、米国を中心とする西側陣営とソ連を盟主とする東側陣営との間での世界市場・勢力圏をめぐる権力政治的対立と社会体制のあり方をめぐるイデオロギー的対立という二重の相克を意味していました。この米ソ対立を中核とする東西冷戦では、東西(あるいは米ソ)双方が「力による平和」を追求し、また核による「恐怖の均衡」によって、世界秩序・社会体制ばかりでなく、人間の心のなかまでが日常的に支配されることになりました。

しかし、一九八〇年代末に東側陣営の急速な崩壊という形で冷戦が終結し、新しい世界秩序が模索されるなかで冷戦期には封じ込められていたさまざまな矛盾が表面化すると同時に、戦後処理に伴うさまざまな未解決の問題が浮上しました。すなわち、民族・宗教対立の激化、南北・南南問題の深刻化、環境破壊の進行、人口爆発と飢餓・貧困の拡大、大量難民の発生といったさまざまな矛盾が一挙に目に見える形で噴出しました。さらに、東京裁判・ニュルンベルク裁判の見直しが浮上し、米国が行った日本への原爆投下の是非と核兵器の正当性の有無、日本軍が行った重慶大爆撃、南京大虐殺、七三一部隊、強制連行、従軍慰安婦（戦時性奴隷）などさまざまな残虐行為・戦争犯罪とそれに対する戦後補償・戦後責任の追及などが改めて問われることになったのです。

こうしたなかで、米国は戦後一貫して日本への原爆投下の正当性を主張し続けています。日本への原爆投下を正当化する論理は、「原爆（の投下）が戦争を終わらせ、（五〇万人から）一〇〇万人の米兵の命を救った」という見方であり、今日においてもこのいわゆる早期終戦・人命救済説を前提とする原爆神話が米国の支配的な見解となっています。しかし、今日では新資料に基づく研究・検証の蓄積によって、この早期終戦・人命救済説が必ずしも当時の事実関係にもとづいたものではなく、戦後権力（占領軍・日本政府など）によって意図的につくり出された「原爆神話」であることが次第に明らかになりつつあります(1)。

オバマ大統領による広島訪問の波紋と残された課題

二〇一六年五月二七日に現職の米大統領として戦後初めて行われたオバマ氏の広島訪問は日本では肯定的評価が大半であったとはいえ大きな波紋を呼びました。まず異例だったのが、訪問前から日本側（政府や広島市、長崎市、被爆者団体など）からさまざまなルートを通じて、「謝罪の必要なし」との事前の根回しがされたことです。これはオバマ大統領の広島訪問に反対する米国世論への配慮であったとはいえ、少なからぬ被爆者の「謝罪してほしい」との心情を傷つけたのも事実です。

この問題をめぐっては、「私は謝罪があれば歓迎するが、謝罪は何も変えないと思っている。しかし、〝原爆投下はどうあっても間違いだ〟ということは謝罪より重要で、未来を変えると考える」とのピーター・カズニック氏（アメリカン大教授）の言葉が注目されます。カズニック氏は、その一方で、「原爆投下の判断に触れないことでオバマ氏は国内の批判をかわせるかもしれない。しかし、同時に、真にノーベル平和賞に値する歴史的な機会を逃すことになるだろう」とオバマ氏の曖昧な姿勢を批判しています。(2)

このカズニック氏と、原爆投下を正当化する米国内の「神話」とたたかっているオリバー・ストーン氏（映画監督）は、「米国はいまの段階では、最低でも原爆投下の是非について〝議論の余地がある〟と認めるべきだと考えている。……オバマ氏は広島へ行って、〝原爆投下は軍事的には必要がなかった〟というべきだと思う。そして、投下を謝罪した上で、平和に関与していくといえば、オバマ氏の訪問はすばらしいと思う」とした上で、現職大統領であるいまの立場からそのことを表明することは困難であろう、と語っています。

実際にオバマ氏訪問を広島で見守ったカズニック氏は、オバマ大統領の初の被爆地訪問自体は一定評価する一方で、冒頭で「七一年前、空から死が降ってきて世界が変わった」と表現した演説内容については、「嘘だ。死は、米国の原爆投下によるものだった」と厳しく批判しています。(3)

私自身、一方では、オバマ大統領の二面性や「アメリカ例外主義」の問題性を指摘するこの二人の立場・見解に大きな共感を覚えます。しかし他方で、原爆投下の是非と軍事的必要性の有無を関連付ける、こうした「議論の枠組み」そのものに大きな違和感があります。原爆投下と真珠湾攻撃を対比させて、双方が相殺できるかのような議論も同様です。

そうした違和感は、原爆（核兵器）を「絶対悪」とみるか、「必要悪」とみるかという違いからです。私は、原爆（核兵器）は非人道的かつ究極的な「悪魔の兵器」であり、それを開発・保有することも、ましてや平時において威嚇・挑発の道具として用い、戦時において使用することは道徳的にも法的にも決して許されることではないと考えています。

ナチス・ドイツの世界制覇のための「幻の原爆（核兵器）」に怯えて核兵器開発（マンハッタン計画）に着手したことはまさに今日まで続く核抑止論の原点となりました。また、ナチス・ドイツの核兵器開発断念が判明した後も原爆開発を続けて完成させたことも明らかに誤りでした。さらに、それを降伏直前であった日本に対して事前警告もせず、「無条件降伏」を盾にして降伏する余裕も与えず広島と長崎に二発の原爆を立て続けに投下して非戦闘員を大量虐殺したことが重大な戦争犯罪であったことは明白です。

オバマ大統領の広島訪問は、原爆投下の誤りを率直に認めて核抑止論の否定の上に立った核廃絶への明確なビジョンを提示することはありませんでした。原爆投下の是非の決着や被爆者へ直接謝罪はむろんのこと、朝鮮人・韓国人犠牲者への追悼やもう一つの被爆地である長崎への訪問など、残された課題が重くのしかかっているといわねばなりません。何より問題なのは、日米安保体制の下で米国の「核の傘」に依存し、現在でも原爆投下を正当化し核兵器の保有・威嚇・使用を肯定している米国政府を正面切って批判することができないばかりか、原爆投下を「戦争犯罪」として明確に告発する被爆者たちの声に一向に耳を傾けようとしない日本政府の不誠実な対応・姿勢であることはいうまでもありません(4)。

(2) 歴史上に実際にあった核廃絶の絶好のチャンス

戦後五〇年を経た時点で起きた米国でのスミソニアン原爆展論争や、二〇世紀末に行われたコソヴォ紛争でのNATO空爆、二〇〇一年の9・11事件後のアフガニスタン・イラク戦争の正当性をめぐる議論との関わりで、日本（広島・長崎）への原爆投下の意味と背景を改めて問い直す動きが生まれていることが注目されます。また、「原爆神話」を肯定する立場が、核兵器による威嚇と使用を前提とした「核抑止論」の保持と密接不可分の関係にあることは明らかであると思います。

いずれにしても、原爆神話からの解放と核抑止論の克服は表裏一体であり、「戦争と核のない世界」を実現するためには、私たち市民が思考停止状態から抜け出し、核兵器の非人道性（残虐性）と犯罪性に向き合うことが何よりも求められています。

そのうえ、二〇一一年三月一一日に福島第一原発事故があって、その原発による放射能被害という、新たな核の脅威が世界で浮上しているわけです。これまで日本においても原子力の平和利用、すなわち原発は善で原子力の軍事利用、すなわち核兵器は悪ということでずっとやってきましたが、いまは原発ゼロと同時に、核兵器の廃絶が一体となって提起されなければならないと思います。そして、核戦争の廃絶・防止以上に戦争の廃絶・防止を優先的に追求する必要があるというのが、私の根本的見方です。その意味で、これまで一般的にいわれてきた「核のない世界」の実現とは「核兵器と原発のない世界」の実現でなければなりません。また、それ以上に戦争と核、すなわち核兵器だけでなく原発を含むことを前提に、「戦争と核（核兵器・原発）のない世界」の実現を新たな目標として提起する必要があると思います[(5)]。

次に、原爆投下の問題と表裏一体の関係である核兵器廃絶の問題を考えてみたいと思います。最初の核開発への着手から核の戦後史を振り返った時に、これまで八度のチャンスがあったといえます。そして、いま私たちは、人類にとって九度目の核兵器廃絶の絶好のチャンスを目前にしているところではないかと思っています[(6)]。

まず一番目はマンハッタン計画などによる原爆開発への着手は誤りであったという原点です。これまで原爆開発への着手は、ナチス・ドイツの「幻の核」に対抗するために、すなわちナチス・ドイツによる強圧的な世界支配を防ぐためにやむを得なかったとして正当化されてきました。しかし、これは核兵器を「必要悪」として認める核抑止論の原形にほかならず、こうした考え方を根本的に否定しなければ核廃絶につなげることはできません。原爆開発への着手というそもそものボタンのかけ間違いが決定的に大きかったのです。

二番目はナチス・ドイツの原爆開発の断念がわかった時点で、なぜマンハッタン計画を中止しなかったのか、という問題です。ナチス・ドイツの原爆開発の実情についてはかなり誇張されていた部分もあると思います。当時のナチス・ドイツの最大の国家プロジェクトはV２ロケット開発であって、原爆開発ではありませんでした。公式には一九四四年一月の「アルソス調査団からグローヴス将軍への報告」によってドイツの核開発断念の情報が最初に入ります。その後、一九四四年六月のノルマンディ上陸作戦で米軍によってドイツの核関連施設の存在と破壊が確認されて、一九四四年末にマンハッタン計画に参加している研究者にもその事実が知らされたとされています。しかし、実際には一九四一年末段階でドイツは原爆開発を断念しており、そのことを米英両国はかなり早い段階でつかんでいたのではないかと指摘する説もあります。そのことを別にしても、一九四四年一二月段階においてドイツが原爆開発を断念したことを最終的に確認した時点で、なぜアメリカはマンハッタン計画を中止しなかったのでしょうか。その時点で原爆開発を中止しないで継続したことが二度目の誤りだと思います。

三番目の核廃絶のチャンスはドイツが降伏した時です。なぜドイツを対象につくられた原爆がドイツでなく、日本に落とされたのでしょうか。もちろん、その決定的な分かれ目は、ドイツが米国の原爆完成前に降伏したから物理的にできなかったということであったかも知れません。しかし、ドイツが降伏してもマンハッタン計画は中止どころか、現場の責任者であるグローヴス将軍によってスピードアップがはかられています。その当時、すでに日本が継戦能力を失いつつあったことは明白でした。このままだと原爆が完成しない段階で日本が降伏してしまうかも知れない、それはあってはならないというのがマンハッタン計画の責任者であるグローヴス将軍の認識だったのです。

四番目（戦後の第一回目）のチャンスが一九四六年六月段階での核の国際管理の提起です。アメリカが最初に提案した核の国際管理案の原型となったのがアチソン・リリエンソール報告です。これは、まだソ連が妥協する余地のある内容だったと思います。しかし、それがバルーク案、すなわち冷戦という言葉を提起し、国際金融資本家と結び付き、トルーマン大統領に対しても原爆投下で影響力を行使したといわれるバーナード・バルークが行った提案、これはアメリカの核独占を永久化するような内容で、とうていソ連が受け入れられるようなものではありませんでした。結局、その時点で米ソ両国が決裂したことが、戦後の第一回目のチャンスが失われた瞬間でした。この点で、冷戦を開始したのは、ソ連ではなくアメリカであったというオリバー・ストーン監督たちの指摘が注目に値します[7]。

五番目（戦後の二回目）のチャンスは一九六二年一〇月〜一一月のキューバ危機が去った時に訪れました。実はケネディ大統領は冷戦終結と核兵器廃絶につながる幻の提言を用意していたといわれています。これまでケネディ暗殺（一九六三年一一月二二日）については、ベトナム戦争を止めさせようとしたとか、イスラエルの核武装を止めさせようとしたとか、キューバ二度目の侵攻計画を拒否したとか、ＣＩＡやＦＢＩ改革に着手したとか、ＦＲＢ連邦準備銀行をやめて政府紙幣を発行したとか、さまざまな理由があげられています。しかしより大きな文脈でいえば、ケネディ大統領が冷戦の終結と核兵器の廃絶という大きな展望を持っていたことが大きかったのではないかと思います。

六番目（戦後の三回目）のチャンスは、一九八六年一〇月一一日のアイスランドのレイキャビクでのソ連のゴルバチョフ大統領とアメリカのレーガン大統領との間で交わされる寸前までいったといわれる「幻の核廃絶」をめぐる合意です。この時もＳＤＩ構想に固執するアメリカ側の姿勢によって、その画期的な合意が最終的に潰れることになったという経緯があります。そのＳＤＩ構想の生みの親はエドワード・テラー（ハンガリー出身のユダヤ人）というマンハッタン計画にも参加し、水爆開発の父ともなった人物であったことも注目されます。(8)

七番目（戦後の三回目）のチャンスは、二〇〇〇年五月一九日の第六回ＮＰＴ再検討会議で初めて確認された核兵器完全廃棄への明確な約束です。国際的な市民団体、ＮＧＯ、中小国、自治体などの関与・努力があったということですが、これも二〇〇一年に登場したブッシュ政権によって完全に無視、放棄された状況になってしまったことは残念ながら周知の事実です。

八番目は最近最も注目されている、戦後五回目の核廃絶へのチャンスでもある、核兵器の非人道性を問う新しい動きです。二〇一三年二月に、核兵器の人道的影響に関する国際会議がノルウェーのオスロから始まり、メキシコのナジャリッド（二〇一四年二月）、同年一〇月にはオーストリアのウィーンでも開かれて、昨年七月七日の核兵器禁止条約の採択につながったのです。

私はこれまで一貫して原爆投下の非人道性と犯罪性を提起してきました。(9) それと密接な関係がある核兵器使用の非人道性を問う動きが、現在このような形で国際社会のなかで多数派の意見になりつつあるというのは大きな希望であると思っています。残念ながら、この場合もそうした動きの障害となっているのが日本政府です。しかし、核保有国はいまこのように国際的なＮＧＯと核廃絶に非常に積極的な非核保有国によって包囲されつつあると思います。このような流れをさらに強めて核廃絶につなげる必要があるということはいうまでもありません。

（3）ＮＰＴ（核拡散防止条約）の形骸化と核危機克服のために

ＮＰＴ（核拡散防止条約）体制の形骸化が叫ばれて久しくなります。その主たる原因は、第六条の核軍縮の義務に一向に真摯に向き合おうとしない、核保有五大国の姿勢にあることはいうまでもありません。さらに、ブッシュ米政権が二〇〇二年に採用した新しい攻撃的な核先制攻撃戦略がその後のオバマ政権だけでなく現トランプ政権によって継承されていることを見ても、今日、ＮＰＴは崩壊の危機にあるといっても過言ではありません。そこで、この危機的な状況下において、われわれは（「加盟各国」は、というよりは世界各国の一人ひとりの「市民」がという意味）何ができるのか、何をしなければならないのか、をここで考えてみたいと思います[10]。

ＮＰＴ体制は、単に核不拡散、すなわち非核保有国への核の拡散防止を加盟国に強制することを目的としたものではありません。むしろそれは、核保有国の核軍縮義務を明記することで核兵器廃絶の実現、核のない世界への展望を論理的必然性あるいは潜在的可能性として含むものであることが強調されなければなりません。この「核不拡散の禁止・防止」と「核軍縮の義務的推進」は表裏一体の関係にあります。ＮＰＴ体制の存続にとって決定的な鍵を握っているのが後者であることは確かです。なぜなら、非核保有国は、核保有国の核軍縮義務の誠実な履行を前提条件にして、この不平等な条約を受け入れたのであり、もしそれが履行されなければ、このNPT体制を存続させる意味の大半はなくなるからです。

もともとNPT体制は非常に不平等な体制です。そればかりでなく、最近はイランに対して行われているようなかたちで、非核兵器保有国が原発を保有できるという当然の権利にも一方的に制限を加えようとする動きが出てきています。また、イスラエルやパキスタン、インドの核武装を放置し続ける一方で、北朝鮮に対しては一方的な経済制裁や武力による威嚇を加えるなどあからさまな「ダブルスタンダード（二重基準）」がまかり通っています。そのような欠陥をもつNPT体制を再構築する必要があります。

以上のような認識・立場を前提にして、核兵器保有国に何を迫るか、ということが問題となります。この点で、「問題なのは核兵器の数ではなく、それを使おうとするドクトリン（教義）であり、政策である」（英国・レベッカ・ジョンソン氏）という指摘に留意する必要があります。核抑止論の克服（あるいは、それと裏腹の原爆神話からの解放）は、このような視点に立ってこそ初めて可能となるからです。また、核兵器廃絶への具体的な方策としては、一、非核保有国に対する核保有国による核の先制使用の放棄、二、（中央アジア五カ国の最近の合意にみられるような）非核地帯設置の拡大、三、核保有国相互間における核先制使用の放棄、四、核実験の全面的・即時禁止、五、核兵器の新たな開発・生産の即時禁止、六、核兵器の使用の全面的禁止、七、時期を明確にした形での核兵器の段階的廃棄、という手順で、核兵器廃絶に向かって着実に努力することです。今回の核兵器禁止条約にもそうした点がかなり盛り込まれていると思います。

NPT体制をめぐる問題を考える際に、もう一つの重要な視点は、「核兵器（・戦争）と通常兵器（・戦争）

の有機的関連」です。これまで、核問題は特別視され、「核兵器（・戦争）」と「通常兵器（・戦争）」という二つの問題は、区別されることはあっても、その関連が問われることがほとんどなかったのです。ここに大きな「落とし穴」があったといえます。なぜなら、日本への原爆投下（核戦争の開始）は、アジア太平洋戦争（通常戦争）を終わらせるために行われたのであり、その後の朝鮮戦争やベトナム戦争においても、通常戦争の延長上に核兵器の使用が検討されたというのが現実だからです。

換言すれば、実際には、核戦争と通常戦争とは常に重なる形で行われる可能性が最も高いという事実です。また、湾岸戦争以来、非常に残虐でかつ巨大な破壊力をもつ非人道的な新兵器が米国などによって使用されたこと、特に新型兵器のなかには劣化ウラン弾のような放射能兵器も含まれており、「核兵器（・戦争）と通常兵器（・戦争）の区別」がますます困難になっているのが現状です。[11]

そこで、われわれは、以上のような現状を正しく認識した上で、「原爆投下（核兵器使用）の犯罪性と違法性」という問題に再び立ち戻る必要があります。最近の「新しい戦争」で頻繁に使用されるようになっている新型兵器は、その破壊力や残虐性から見ても、道徳的にも法的にも到底正当化できない性格のものです。そして、こうした新型兵器の使用禁止と核兵器廃絶の実現とは、明らかに密接な関連があるということです。特に、「非戦闘員と戦闘員の区別」という人道的原則に真っ向から対立する、新型兵器の使用による無差別爆撃と大量殺戮が、今日「正義」や「人道」の名の下に頻繁に行われているという深刻な現実を直視しなければなりません。その意味で、こうした蛮行を止めさせるための具体的な努力、例えば、アフガニスタン戦争・イラク戦争等に対する世界的規模での市民による国際戦争犯罪法廷の動きや無防備都市宣言運動の広がりは、原爆投下の犯罪性・違法性を問う新たな試み（ここ広島での「原爆裁判」）や核廃絶を求める原水爆禁止運動の取り組みなどと密接かつ有機的な関連があるといえます。

ここで重要な視点として強調しておきたいのは、グローバルヒバクシャという視点です。これは、「ヒバクシャ」をいわゆる「ヒロシマ・ナガサキ」の原爆犠牲者に限定するのではなく、より広い視点から核被害者を把握していこうとするものです。この「グローバルヒバクシャ」という新しい視点によって、「ヒロシマ」の前にも「ナガサキ」の後にも「ヒバクシャ」が生まれていたばかりでなく、現在でも増え続けているという事実が自然に見えてきます。また、「唯一の被爆国」としての日本というこれまでの原爆被害に関する認識が、（外国人被爆者・在外被爆者の問題と並んで）いかに浅薄なものであったかも知ることができると思います[12]。

最後に、日本政府の姿勢をいかにして変えるかということが大きな課題となっていると思います。二〇〇九年夏の政権交代で登場した鳩山民主党政権によってこれまで隠されてきた核密約の存在がようやく表に出て、非核三原則が実際には二原則でしかなかったことが判明しています。しかし、日本政府はその後の政治の流れのなかで、核の傘や核抑止論に固執する姿勢を再び強めています。ことあるごとに唯一の被爆国を強調し究極的な核廃絶を唱える一方で、核の先制使用禁止や戦術核を搭載可能なトマホークの退役にも反対し、核兵器の役割を核兵器に対する抑止だけに限定することにも反対する日本政府の姿勢は、非常に欺瞞的であり、世界的な核廃絶を求める潮流に背を向けるものであるといわざるを得ません。そのことは現在の核兵器の非人道性を理由とした核兵器禁止条約に対しての日本政府の消極的な対応にも如実に表れています。いま行われている日本政府による「核の傘」を容認した上での「核軍縮」の主張は、日米安保という軍事同盟を是認した上での平和憲法・非武装の主張と同じく、世界や国際社会に対して十分な説得力を持ち得ないものです。それどころか、安倍政権下の日本では、米国の先制攻撃論・核先制使用戦略と呼応する形で、日本の対敵基地攻撃能力保有論や核武装論が台頭しているのが現実です。そうした核廃絶とは真逆の危険な立場・発想からの根本的転換がいまこそ求められているといえます。

注

1　筆者とピーター・カズニック氏との共著『広島・長崎への原爆投下再考　日米の視点』（法律文化社、二〇一〇年）および筆者と高橋博子氏との共著『核の戦後史』（創元社、二〇一六年）などで筆者が明らかにした重要な論点は、以下の通りである。

・ナチス・ドイツの「幻の核」に怯えて着手された原爆（核兵器）開発は、核抑止論の原点であり、大きなボタンのかけ間違い（誤り）であった。

・ドイツの原爆開発断念の事実が確認された段階でも原爆開発を止めずにマンハッタン計画を続け、完成した原爆を降伏間際の日本に投下したのは国際法違反の戦争犯罪といえる。

・原爆投下によって終戦が早められたのではなく、むしろ原爆開発・原爆投下のために終戦は意図的に延ばされた。

・原爆投下は日米両国がそれぞれ「国体護持」と「無条件降伏」に固執した上で生まれた悲惨な出来事であり、「ある種の日米合作」であった。

・原爆投下の真の動機・目的は、日本降伏のため（早期終戦・人命救済）ではなく、ソ連への威嚇・牽制と戦後世界における覇権の誇示、そして何よりも新型兵器の実験（とりわけ、人体実験）にあったというのが真実である。

・日本が降伏したのは、原爆投下よりもソ連参戦の影響が大きかった。決定的だったのは、日本に「国体護持」（天皇制維持）を暗黙裡に承認したバーンズ回答であった。

2　ピーター・カズニック「誤り認める　謝罪より重要」「朝日新聞」二〇一六年五月二二日付、を参照。

3 オリバー・ストーン「原爆正当化『神話』と闘う」「朝日新聞」二〇一六年五月二一日付、を参照。

4 木村朗「原爆神話の呪縛からの解放を求めて（上）」「琉球新報」二〇一六年八月四日付、を参照。

5 木村朗「原爆と原発の関係性を問う――核の軍事／平和利用を中心に」（筆者と前田朗氏や加藤朗氏との共著『闘う平和学』三一書房、二〇一四年所収）を参照。

6 筆者と高橋博子氏との共編著『核時代の神話と虚像』（明石書店、二〇一五年）、原水爆禁止日本国民会議（編集）／二一世紀の原水禁運動を考える会（編集）『開かれた「パンドラの箱」と核廃絶へのたたかい――原子力開発と日本の非核運動』（七つ森書館、二〇〇二年）、ジョゼフ ガーソン（著）／原水爆禁止日本協議会（翻訳）『帝国と核兵器』（新日本出版社、二〇〇七年）、ジム・バゴット（著）『原子爆弾 一九三八～一九五〇年――いかに物理学者たちは、世界を残虐と恐怖へ導いていったか？』（作品社、二〇一五年）、などを参照。

7 オリバー・ストーン／ピーター・カズニック共著『オリバー・ストーンが語る もうひとつのアメリカ史 一――二つの世界大戦と原爆投下』（早川書房、二〇一五年）を参照。

8 筆者がユーゴスラヴィア留学中に出演したカナダとフランスの合作映画、ミーキ・マイノロビチ（出演）、アラン・イーストマン（監督）「黙示録一九四五――ここに核の全てがある [VHS]」（キングレコード、一九八七年制作）を参照。

9 木村朗「原爆神話と核抑止論の欺瞞性を越えて――二一世紀における平和秩序の構築のために」『軍縮問題資料』二〇〇六年九月号に掲載、同「長崎原爆の世界史的意味を問う――『原爆神話』からの解放を求めて」高橋眞司／舟越耿一共同編著『ナガサキから平和学する』（法律文化社、二〇〇九年）、「原爆投下問題への共通認識を求めて――長崎の視点から」『軍縮地球市民』創刊号（明治大学軍縮平和研究所、二〇〇五年五月）、木村 朗『危機の時代の平和学』（法律文化社、二〇〇六年）第八章に所収、などを参照。

10 木村朗「NPT体制の危機克服に向けて我々に何ができるか」広島市立大学のHPより。

11 川崎哲『新版 核兵器を禁止する――条約が世界を変える』（岩波ブックレット、二〇一八年）を参照。

12 木村朗「二一世紀における平和秩序の構築を求めて――今こそ、原爆（核兵器）と劣化ウラン兵器の禁止・廃絶を！」『市民講座 いまに問う ヒバクシャと戦後補償』（凱風社、二〇〇六年）を参照。

第二部　鼎談

世界を変える核兵器禁止条約の使い方

出席者

安斎育郎 立命館大学名誉教授、放射線防護学
林田光弘 ヒバクシャ国際署名キャンペーンリーダー
木村　朗 鹿児島大学教授、国際関係論・平和学

木村　この鼎談に参加していただいているのは、戦後日本の原水爆禁止運動の中心でこれまで運動を先頭になって引っ張って来られた安斎育郎先生、いまＩＣＡＮ（核兵器廃絶国際キャンペーン）が主導して行っている核兵器禁止条約実現のためのヒバクシャ国際署名キャンペーンリーダーをされている林田光弘さん、そして、原爆投下問題を主な研究テーマとしてきた木村朗です。これからいまの核をめぐる世界の動きなどについてお話を進めさせていただきます。

（1）ＩＣＡＮ主導の核兵器禁止条約の採択

核をめぐる情勢――明暗二つの側面

現在の核問題をめぐる世界情勢では、明暗二つの側面が同時進行中です。一方の明るい側面としては、二〇一七年七月七日に、国連本部で開かれた条約交渉会議で一二二カ国・地域の賛成で広島・長崎への原爆

投下以来初めての、核兵器の保有・威嚇・使用などを違法とする核兵器禁止条約が採択されたことです。法的拘束力を持つ核軍縮関連の条約としてはじつに二〇年ぶりの交渉成立であり、核軍縮の機運が高まっています。ところが他方の側面では、つい最近の二〇一八年二月一八日に公表されたアメリカの「核戦略体制の見直し」（NPR）の方針が、核の先制不使用政策を否定し、核使用を核以外の戦略的攻撃（サイバー攻撃を含む）を受けた場合も含む、核の役割をこれまでよりも拡大する、非常に攻撃的な内容をものでした。このようなアメリカの新しい方針を受けて、ロシアも大陸間を進む核魚雷の開発に着手するなどの対抗措置を取る構えを見せており、冷戦の最盛期以来といえるほどの核戦争の危機が高まっています。そして、人類滅亡への残り時間を象徴する「世界終末時計」が人類滅亡まであと二分という、一九五三年と並ぶ六五年ぶりとなる危機状況を指し示すにいたっています。そのなかで、国際社会の注目が特に北朝鮮の核・ミサイル危機やシリア危機に集まっています。

そこで、いま私たちはこういう人類的危機状況にどのように対応していくべきなのか、をお聞きしたいと思います。最初に安斎先生の方から、これまでの原水爆禁止運動の歩みも含めて、現在の明るい側面の方からお話をお願いいいたします。

安斎　日本の原水爆禁止運動が本格化していくのはいわゆる一九五四年三月一日のビキニ水爆実験被害からなのですが、考えてみれば原爆が使われたのは一九四五年で、大量の被害が出たのにもかかわらず、そこから一〇年ほどの間はそれに対抗する本格的な原水爆禁止運動も組織化できないほどにアメリカの占領政策ががんじがらめに被爆者を含めてしばっていたわけです。被爆の実相を明らかにされることに対するアメリカの恐怖があって、GHQ（連合国軍総司令部）が一九四九年九月一九日に発したいわゆる「報道管制」（プレスコード）以来、徹底的に運動を押さえ込んできたのです。

五〇年代にそういう運動が燎原の火のように広がった時期、私はまだ中学生で直接その運動のことを知る由もなかったのですが、いわゆる「平和利用」といわれているこの国の原子力開発が核兵器開発と不可分にかかわりながら現実化していった一九六〇年代に、奇しくも東京大学の原子力工学科を進路に選ぶことになり、その大学院時代から科学者として原子力・核の問題に向き合う機会が多くなって、七〇年代に入って日本の原水爆禁止運動の渦のなかに私も飛び込んでいきました。

七〇年代の日本の原水爆禁止運動は、諸団体の主張が激しくぶつかり合っていた時期で、原水禁（原水爆禁止日本国民会議）、原水協（原水爆禁止日本協議会）、中立労連（中立労働組合連絡会議）、核禁会議（核兵器廃絶・平和建設国民会議）などが鋭く対立していました。結局、そういうことをやっていては埒があかないのではないかというので、一九七七年に「人間の顔をしたシンポジウム」といわれた「広島・長崎の被爆の実相とその後遺・被爆者の実情に関するＮＧＯ国際シンポジウム」に広範な協力体制で取り組みました。

一方ではそれと併行して三〇〇〇万人署名運動を続け、それが力となって翌七八年の第一回国連軍縮特別総会（ＳＳＤＩ）に向けて日本の被爆者を含めた代表団五〇〇人あまりが、とてつもない量の署名をたずさえてニューヨークに行ったのです。国連もそれを受け取るには保管スペースを新たに確保しなければならないので、戸惑いもあったでしょうね。

当時はまだ、核兵器廃絶の展望が具体的に見える状況ではありませんでした。その国連軍縮特別総会が終わった後、いくつかのグループに分かれてアメリカ市民との対話集会が組織され、私たち科学者の集団と宗教者の集団はいっしょにボストンに行きました。対立的にとらえられがちな科学者と宗教者の共同行動です。

そのときに佐藤行通という英語の達者な日本山妙法寺のお坊さんが、大演説をしました。「どうしてあなたはそんなに英語がうまいのか」とアメリカのジャーナリズムに聞かれて、「私の英語は原水爆禁止運動の実践のなかで鍛えられたのです」と答えていましたね。彼はその二年前の一九七五に生物兵器禁止条約ができていたことを受けて、なぜ生物兵器でできることが原爆ではできないのかとして、Why not atomic bombs, why not nuclear weapons ? と訴えました。あれから四〇年経った二〇一七年、国連の場で核兵器禁止条約が採択され、核戦争阻止、核兵器廃絶、被爆者援護・連帯の旗の下で日本の原水爆禁止運動が追求してきたことがいよいよ視野のなかにとらえられてきたという意味では、いま原水爆禁止運動の歴史のなかでも新た

安斎 育郎（あんざい いくろう）
1940年生まれ。東京大学工学部卒業、同大学院博士課程修了。工学博士。立命館大学名誉教授、立命館大学国際平和ミュージアム名誉館長。安斎科学・平和事務所所長。専門は放射線防護学、平和学。近著に『子育ち・子育て 被ばくカットマニュアル』（かもがわ出版、2016年）。

な地平に立っているという感じがするのです。だから何が何でもこれを実効性のあるものとして実現しなければいけないので、おそらくこの鼎談のなかでも、ではわれわれに何ができるか、われわれは誰に対してどういう呼びかけをしていけばいいのかを含めて議論されることを期待しています。

木村　安斎先生から、戦後における原水爆禁止運動の発足以来の核廃絶に向けての歩みを振り返りながら、現在新たな地点で核廃絶への展望が生まれつつあることを中心にお話ししていただきました。次に林田さんの方から、核兵器禁止条約の採択とＩＣＡＮを中心に行われている条約成立のためのヒバクシャ国際署名キャンペーンリーダーとしての役割、あるいはご出身地である長崎で高校生平和大使もされたご経験も含めて、いまの状況をどのように見ておられるのかをお話しいただきたいと思います。

林田　これまでの私の活動をご紹介した上で、ヒバクシャ国際署名の概要と核兵器禁止条約についても少し触れたいと思います。

私は一九九二年生まれで、いま二六歳、長崎出身の被爆三世です。父方の祖父が被爆者でした。爆心地から一・五キロくらいのところにある浦上地区の銭座町で生まれ育ちました。広島・長崎では当時被爆した学校を「被爆校」と呼びますが、私は小・中学校ともに被爆校で過ごしました。私は「ゆとり世代」のど真ん中なので、「総合的な学習の時間」と呼ばれる時間が長く割かれており、銭座小学校時代はその時間のほとんどを原爆や人権の学習に充てられていました。私の時はギリギリ、学校の授業で被爆者の方々を呼んで当時の話を聞くことができました。いまは世代交代で二世や三世から話を聞くことも多くなっているようです。私は中学校三年生から高校を卒業するまでの合計四年間を、「高校生一万人署名活動」のメンバーとして過ごしました。高校生二年生のときには平和大使としてジュネーブに行き、二〇一〇年の高校三年生のときにはＮＰＴ（核兵器不拡散条約）再検討会議に田上長崎市長や朝長万左男先生などと参加しました。

ただ、自分が被爆三世だから幼少期からきちんと問題意識を持っていたかというと、そうではありませんでした。浦上という土地柄、友人たちの多くは被爆三世、四世だったので、自分の環境を特殊だとはあまり認識していなかったのです。

中学校三年生のときにひょんなきっかけで「高校生一万人署名活動」に参加して、活動を続けていく過程で問題意識が芽生えるようになったのです。活動を通して、県外の同世代の人たちと交流する機会も多かったのですが「県外の人たちとこんなに原爆に対する認識にギャップがあるのか」と驚くことが多かったです。そのギャップに対する危機感から私のなかで問題が主体的になって、核兵器廃絶のために被爆者の思いを次の世代に届けるために自分も何か行動したいと考えるようになりました。

二〇一〇年のＮＰＴ再検討会議のときに、いまの大学院の指導教員にあたる明治学院大学の高原孝生先生と出会い、明治学院大学に進学を決めました。二〇一一年三月に上京するとすぐに私も横浜で３・11に遭い、入学式も中止になって、ゴールデンウィーク明けから授業が始まるという状況でした。私としては大学に進学して、核軍縮についてきちんと勉強しようと意気込んでいただけに非常にショックが大きかったです。なにせ、原発についてはほとんど知らない状態でしたから。ＮＰＴ再検討会議のときも、原発のセキュリティ問題や放射性廃棄物についてのセッションがあちこちで行われていましたが、日本人で参加している人はとても少なかったと記憶しています。私自身も「核兵器のことにもっと時間を割いて議論をした方がいい」くらいに思っていました。そういうことをつい一年前に思っていたものだから、３・11が起きて福島の原発が爆発したときには、自分の恥ずかしさにどうしていいかわからなくなって、その後はとにかく原発のことを

林田 光弘（はやしだ　みつひろ）
1992年長崎市生まれ。2009年、第12代高校生平和大使（７人）の１人。元SEALDsメンバー。現在、ヒバクシャ国際署名キャンペーンリーダー。明治学院大学大学院在学中。

必死に調べたり、福島の被災者や自主避難している方たちに会いに行く活動を続けました。二〇一二年から本格化した官邸前抗議行動などをきっかけに大学、世代を超えて新しいネットワークを築いていきました。原発について活動をしていくうちに、特定秘密保護法や安保法制のことが問題として噴出してきます。私は被爆者の方々訴えていた「非戦の誓い」がみるみる形骸化していくのを恐れて、友人たちと団体を立ち上げ行動を続けました。そして、二〇一五年、仲間たちと学生団体SEALDsを立ち上げるまでに至ったのです。SEALDsとしては一年半くらい国会前でデモを行ったり学習会を行ったりしてきましたが、私たちとしてはこの活動をいつまでも続けるわけにはいかないと思っていました。

そもそもSEALDsを立ち上げたときに私たちの意識にあったのは、憲法に書かれている「自由及び権利は、国民の不断の努力によつて、これを保持しなければならない」ということ。一人ひとりの努力で民主主義や立憲主義が成立するということであって、団体として大きくすることに意味を感じていませんでした。ですから、まずは個人が大きくなろう、自分たちの専門領域をきちんと見つけて、そちらでのばしていこうということで、SEALDsを解散しました。

少し話がさかのぼりますが、原発事故が起きた後に私が考えたのは、いまの福島の問題にも北朝鮮の問題にもヒロシマ・サガサキの教訓を生かすべきだということでした。SEALDsが解散していまの自分にできることはなんだろうと考えている時に、元被団協事務局長の田中熙巳さんにお声掛けをいただいて、「これから私たちがこれまでにない規模の署名活動を行おうと思っている。どうやったらいまの時代に合った方法で署名を広げられるか、林田くんにも協力を仰ぎたい」というオファーをいただいて、キャンペーンリーダーになるという流れになりました。

木村　ヒバクシャ国際署名について、ここで少し説明してください。

林田　ヒバクシャ国際署名は二〇一六年四月に始まりました。被爆者の方々が二〇一五年から半年かけて署名用紙の文章をつくって、その文章に賛同できる個人・団体は誰でもこの署名活動に取り組むという緩やかなスタンスで運動が始まりました。分断の歴史を乗り越えて核兵器廃絶の声を一つにして、世界の指導者に対して声を上げようという問題意識でこの運動が始まったと聞いています。ヒバクシャ国際署名連絡会は緩やかなネットワーク組織で、集まった団体の特色に合った形で署名を広げましょうということになっています。連絡会はいわば情報共有のためのネットワークですね、私はそこで広報の代表をしています。

この運動が始まった二〇一六年の四月を振り返ると、核兵器禁止条約が二〇一七年七月にできるなんて誰も考えていませんでした。核兵器の非人道性に焦点が当たり、核兵器禁止条約をつくった方がいいのではないかという二〇一〇年から始まった流れは確かにあったわけですが、二〇二〇年を迎える前に条約ができるなんて誰も思っていなかったのです。だから、ヒバクシャ国際署名の署名用紙には「核兵器を禁止し廃絶する条約をすべての国に求めます」とまるで新しい条約をつくる提案にも読める文章が書いてあります。いま、ちょうど署名用紙をこれからどうするのか連絡会で協議をすすめているところです。

さらに私たちの加盟団体のいくつかが所属しているＩＣＡＮという国際的なネットワーク組織がノーベル平和賞を受賞するなんて、禁止条約以上にまったく予想していませんでした。合わせて、いまの北朝鮮の状況も、トランプ政権のこともこのような状況になるとは思っていませんでした。つまり、運動を始めた二〇一六年当初とは全くことなる状況になったという認識です。

木村　私が生まれた一九五四年というのは、ちょうどビキニで水爆実験が行われて第五福竜丸などが被爆した事件が起こった年で、かつ自衛隊が正式に発足した年でもありました。また、私が生まれた福岡県北九州市の小倉は、原爆投下との関連でいえば、広島に次ぐ二番目のターゲットとして挙げられていた都市でした。しかし、一九四五年八月九日の小倉は前日に行われた空襲の影響や天候不順もあって原爆投下を免れて、その代わりに三番目のターゲットであった長崎に二発目の原爆（プルトニウム爆弾）が投下されたのです。長崎が小倉の身代わりになって犠牲となったという話は私が子どものときから両親や先生方から聞いていました。

私は旧ユーゴスラビアの政治外交史がもともとの研究対象でした。ところが、一九九〇年代の初めに九州平和学会（日本平和学会・九州地区平和研究集会）でごいっしょさせていただいていた故鎌田定夫先生が長崎平和研究所を立ち上げられて、そこの客員研究員に発足当初からなったため、だんだんと核・原爆問題にもかかわるようになったという経緯があります。これまでに核問題関連では、『広島・長崎への原爆投下再考――日米の視点』（法律文化社、二〇一〇年）という本をアメリカン大学の核戦略研究所所長のピーター・カズニック先生と、最近では共著『核の戦後史：Q&Aで学ぶ原爆・原発・被ばくの真実』（創元社、二〇一六年）という本、あるいは共編著『核時代の神話と虚構――原子力の平和利用と軍事利用をめぐる戦後史』（明石書店、二〇一五年）を元広島平和研究所の高橋博子さんといっしょに出しています。また原発関連では、いま鹿児島に住んでいますが、川内原発差止訴訟に原告団副団長として参加しており、『九州原発ゼロへ、48の視点：玄海・川内原発の廃炉をめざして』（南方新社、二〇一三年）という編著も出しています。

ここ二十数年くらい広島と長崎、とくに長崎にはほとんど毎年八月に訪れるなかで、安斎先生とは長崎で漫画家の西岡由香さん（『週刊金曜日』に「さらん日記」を連載中）ら仲間たちといっしょに懇親会でお会いする機会が多くありました。また、林田さんとはピースボート共同代表の野平晋作さんからの紹介で東京で元SEALDs RYUKYUの元山仁士郎さん（沖縄出身で、現在は一橋大学院生で新外交イニシアティブ〈ND〉でも活動中）などといっしょに最初にお会いする機会がありました。鹿児島でもSEALDs的な若者の組織を立ち上げようという時期に、林田さんと元山さんのお二人に来ていただいてSEALDsの体験を話してもらったり、その後も東京でときどきお会いする間柄になっています。

本書の企画は、核をめぐる問題をめぐって平和・軍縮と戦争・軍拡といった二極化する傾向・動きが国際社会で生まれているなかで、安斎先生、林田さんといっしょに本を出せたら大きな意義のある提言が出せるのではないかということで、私から、かもがわ出版の松竹伸幸編集長に提案して了承していただいていまに至っています。

木村 朗（きむら　あきら）
1954年北九州市生まれ。九州大学大学院法学研究科政治学専攻単位取得後退学。九州大学法学部助手を経て、鹿児島大学教授。専門は平和学、国際関係論。日本平和学会理事。東アジア共同体・沖縄（琉球）研究会共同代表。近共著に『沖縄謀叛』（かもがわ出版、2017年）。

核兵器禁止条約ができる経緯

木村　お二人にいま自己紹介とともに、国際社会の現状、とくにプラスの側面をお話しいただきました。ここで、もう一度核兵器禁止条約ができる経緯とその内容について、私の方から少しのべさせていただきます。

二〇一〇年の段階で、赤十字国際委員会が「核の時代に終止符を」という決議を出し、その後二〇一三年から一四年にかけて「核の非人道性に関する国際会議」がノルウェー、オーストリア、メキシコと三回開かれ、二〇一五年のNPT再検討会議を経て、二〇一五年から一六年にかけて国連作業部会があり、二〇一六年一二月に核兵器禁止条約採択のための国連決議が出され、さらに二〇一七年八月には平和首長会議が、核保有国を含むすべての国に対して条約への参加を要請するとともに、条約成立のための動きをすることを求める決議を採択したという経緯があります。

そうしたことが二〇一七年七月七日の核兵器禁止条約の圧倒的多数での採択につながり、その後国連総会でも同条約を支持する決議が出されて、その中心的な役割を果たしたICANがノーベル平和賞を得ることになりました。そして、同年一二月一〇日のノルウェーのオスロでの受賞式には被爆者のサーロー節子さんが参加されて、非常に感動的な演説をされました。

今回の核兵器禁止条約について一番重要なポイントは、「第一条（禁止）」のところです。その冒頭「一」で、「条約国はいかなる状況においても以下を実施しない」として、次のような項目を列挙しています（一部省略）。

（a）核兵器の開発、実験、製造、生産、獲得、保有、貯蔵。
（c）直接、間接を問わず、核兵器やその管理の移譲または移譲受け入れ。
（d）核兵器の使用、使用するとの威嚇。
（f）これら禁止行為の支援、奨励、勧誘または支援の要請、受け入れ。
（g）自国内に配備、導入、展開の容認。

この核兵器禁止条約は、いろいろな意味で画期的だと思います。とくに、核兵器の製造、保有、使用だけでなく、「威嚇の禁止」も含めているという点が非常に重要ではないかと私は評価しています。これについてお二人の見解、評価をまずお聞きしたいと思います。

安斎　日本の原水爆禁止運動のなかでも、七〇年代から核兵器を全面的に禁止する条約をつくろうという議論がずっと行われてきて、今回実際に提起されて条約のなかに盛り込まれているようなことは、ずっとこれまでも主張してきたのですが、いよいよそのスタートラインに立つ時がやってきました。その条約が、核兵器による威嚇まで含めて禁止しているのは感動的です。核軍拡競争が進んできた土台にあるいわゆる核抑止論なるものも、結局は核兵器による威嚇なのです。相手が核を持っているけれども、こちらも核を持って脅しつけていれば、向こうが核を使うことはないという狭い意味での核抑止、つまり、「核によって核を抑える」という考え方です。あくまでも、核による威嚇が戦争を抑止する上で有効だというのが基本的な認識になっています。威嚇を禁止することは、核抑止力論そのものを放棄せよということに当たるわけで、この点はもっとも核兵器保有国が抵抗するところかも知れないけれども、逆にいえば、きわめて本質的なことが盛り込まれたと思います。それだけに、これからこの条約を実効あるものにしていくために、核兵器保有国も含めて認識を改めさせるように迫っていく必要があります。そのためには圧倒的な地球上の人類の名において、核兵器をもてあそんでいる者たちに迫っていかなければいけないので、ヒバクシャ国際署名はきわめて大きな力になると思うのです。

ついでにいっておきますと、核兵器は必要であって、それによる威嚇は戦争を抑止するために必要だという認識を持っている人々の考えを変えさせるためには、社会心理学の分野で知られているレオン・フェスティンガーという人の認知的不協和理論が参考になると思います。ある認知（認識）を持っている人に、その認識を変更するように迫るという問題です。例えば、「自分はタバコを吸う」という自分の喫煙習慣に関する認知を持っている人に対して、「タバコは胃癌、肺癌、食道癌など癌の原因である」という認知が提起されると、心のなかに「認知的不協和」を抱えるわけです。そのときにどういう方向に人間は行動するかというと、その対立する認知の対立度を軽減する方向に行動をとるというのです。三つの行動パターンがあるといわれます。

一つは「タバコをやめる」という方法です。そうすると認知的不協和は解消されます。核兵器の反人道性を突きつけられた核保有国が「核兵器を放棄する」という選択です。

第二の行動パターンは、自分が持っている認知をそのままにして、新たに不協和を持ち込んだ「タバコは有害である」という認知を「信用できない」とか、「そのような主張をしているのは一部の科学者に過ぎない」などと考えて受け入れない方法です。

第三の方法は、「タバコは有害である」と認めた上で、「それでも交通事故で死ぬよりはマシだ」などという無関連の認知を持ち出して対立感情を軽減しようとする方法です。

私たちは核兵器の問題についても、「核兵器はその威嚇の力によって平和を維持する力になる」という認識を改めさせなければなりません。「核兵器を廃絶することこそが世界の平和の実現につながるのだ」という考え方との間に生じている彼らのなかでの矛盾なり葛藤なりを、「核による威嚇こそ平和のために重要だ」という認識を放棄させることによって解消する方向に持っていかなければいけない。そのためにどういう運動が有効かということに、大いに知恵をしぼりたいのです。

林田　この間ＩＣＡＮのベアトリス・フィン事務局長が来日されて、長崎、広島、東京とイベントを行いましたが、認知的不協和理論とまったく同じことをおっしゃっていました。禁煙に当てはめたときに、「体にこれだけ悪いんですよ」ということをいっても、自分のことを否定されている気持ちになったら、いかにそれに反論して論破することかしかみんな考えない。「禁煙して外でいい空気を吸いながらみんなでご飯を食べている方が楽しいですよ」というふうにアピールした方がよほど合理的だから、核兵器禁止条約を進めるに際しても、「核兵器禁止条約に入らない人たちは道徳に対して疎くて、人間としてダメ」みたいな批判の仕方ではいけない。そうではなく、「核兵器禁止条約に入った方がよい世界に私たちは生きていくことができる」というポジティブなメッセージを発しない限り、運動としては大きくならないというメッセージを私たちに提案してくださいました。

ヒバクシャ国際署名の強みは、私はまさにそこにあるのではないかと思っています。ヒバクシャ国際署名はそもそも世界の指導者の人たちに「私たちはヒバクシャです。ヒバクシャとしてこういう経験をして、だから誰の上にも核兵器を使ってほしくない」という普遍的なメッセージを発したのです。核兵器を持っている国々に対しての直接的なメッセージというよりは、理念として核兵器のない世界の方が望ましいということを高らかに謳っています。ここにヒバクシャ国際署名の核があると私は思っています。現段階でヒバクシャ国際署名そのものは五〇〇万筆しか集まっていないのですが、特筆すべきは自治体首長からの署名で、すでに日本の自治体の半数を超える一〇〇〇の自治体の首長が署名してくれています。

ヒバクシャ国際署名が始まり、まだ二年しか経たないにもかかわらず、地域のリーダーの半数以上がすでに署名をしてくださっていることを考えると、やはり日本人には土台があるのだなと痛感させられます。被爆者の方々のメッセージは、一部の人たちを批判するのではなく「核兵器のない世界にシフトしましょう」というポジティブでかつ普遍的なメッセージだと受けとめられているのです。

この間私はキャンペーンリーダーとして全国を回っています。署名のおもしろいところは、署名用紙自体はたかが一枚の紙切れでも、この署名をどうやって広げるのかということで知恵を出したときに、「もう一度証言会を開きましょう」「集会を開きましょう」「パレードを行いましょう」という形で、この紙一枚を何枚にできるのかを考えるために、みんながあらゆるアイディアを出し合うところにあるとわかります。こうやってみんなでポジティブに署名を広げていこうというエネルギーがこの署名をつき動かしていることを考えたときに、怒りよりは明るい運動の方が広がりやすいという気がします。

核兵器禁止条約のことは、ここでは語り尽くせないくらいあらゆる意味が込められていると思います。私は一人の学生としてこの間大学で学んできたことを振り返っても、ありとあらゆる人類の知性の上にこの条約の条文があるのだということを、読み返せば読み返すほど感じます。

例えば、今回核兵器の非人道性に焦点が当たったことはアマルティア・センの「人間の安全保障」のように個人のことをきちんと考える、国家ではなく私たち一人ひとりのことを考えていきたいのだという大きな文脈の上にあると思うのです。そこはすごく素晴らしいところだと思います。この「人間の安全保障」の理論と密接にかかわっているからこそ、前文には飢餓とか環境問題に対する懸念も書かれていて、安全保障の面だけでなく、人間の視点、地球の視点で考えたときに、核兵器という存在は私たち人類、地球に生きている生き物と相反するものなのだということが高らかに謳われているのです。一〇〇〇年後の人類がこの一〇〇年間、二〇〇〇年間の人類の歴史を見たときに、「ああ、ここが一つの転換期だったのだ」と感じることができるような条文になっているのではないでしょうか。

このような文脈があるからこそ、禁止条約では威嚇すら禁止したのだと思います。一人ひとりの人間の視点として考えたときに、それが軍人であっても、どの立場であっても、その人たちがどんな被害に遭うのかを考えた場合、たとえ自衛のためであっても使ってはならないと書かれているのだと私はとらえています。

威嚇に対することでつけ加えると、この間、日米とくに日本のなかでは「威嚇」というキーワードではなく「圧力」というマジックワードを使っています。これは完全に政治の言葉で、もしもいま「核の傘」によるプレッシャーが「圧力」ではなく「威嚇」だった場合は国際法違反になるので、日本政府も安易にはいえないのです。一方、核の抑止の正当性をみるためには、あれは「威嚇」であり、「威嚇」しているからこそ機能しているのだということをいわないと正当性は担保できないわけです。この「圧力」というキーワードがじつは「威嚇」であり国際法違反なのだという視点は、核兵器禁止条約が重要視しているところなので、日本で報道するときにでも「これは威嚇ではないのか。威嚇だとしたら国際法上許されるのか」という議論を始めていくことによって、「核兵器禁止条約ってそういう点で意味があったのだ」という発見につながると思います。

そこをできる限り広げていきたいと思いますし、どんなに素晴らしい条文であっても、私たちがその条文を生かさない限り死文化してしまいます。それは国連憲章もそうだと思うのですが、核兵器禁止条約がいかに尊い条約であったとしても死文化させないために、条約に書いてある内容を私たちが生かしながら外交を進める努力を各国がやらなければいけないと思います。そういう点で日本は核兵器禁止条約を再評価すべきだと思っています。

この核兵器禁止条約のなかで私たちが喜んだのは、前文に「ヒバクシャ」の文言が入っていることです。ローマ字でHibakushaという言葉が入っていて、容認できない苦しみに留意した上でこの条文を読んでくださいということが書かれています。これは、これから先、一〇年、二〇年ではなくもっと将来の人たちが、「なぜ核兵器禁止条約をこの人たちがつくったのだろう」と考えたときに、「ヒロシマ・ナガサキの被爆者の人たちの経験をもとにこの人たちはこういう禁止条項をつくったのだ」と、いろいろな兵器はあるけれど、核兵器の被害がなぜいけないのかを想像できるような仕組みになっています。

被爆者の方々がいま「継承の危機」と語っていますが、私はこの条約は継承の一つの形だと思います。もちろん証言も大事ですが、条約の形で被爆者の方々の思いが残せたのは、被爆者の方々の記憶や記録をいかに継承するのかを考えている一人として嬉しいことです。

北朝鮮の核問題をめぐっては、核兵器禁止条約を利用すれば、北朝鮮の核兵器をどうやってゼロにするのかの議論を前向きに進めていけるとＩＣＡＮの川崎哲さんなども提案しています。いまの北朝鮮問題の打開策のすべてだとは私は思いませんが、いくつかの選択肢の一つとしてこの核兵器禁止条約があり得るのだということが、私たちのいまの運動の強みではないでしょうか。

中小国家やＮＧＯの役割

木村　核兵器禁止条約が今回圧倒的多数の国・地域によって採択されるに至った背景には、大きな流れが二つあるのではないかと思います。一つは中小国や自治体（の首長・議会）の積極的な役割です。これには、新アジェンダ連合や非同盟諸国などを中心にしたこれまでの実績の積み重ねがあり、平和首長会議の取り組みも重要であったと思います。もう一つはＩＣＡＮに代表される世界的なＮＧＯの活動です。このなかにはもちろん被爆者団体も含まれますし、日本ではピースボートを筆頭に五つの団体が入っているということがあると思います。

そのほかの非人道的な兵器として、生物化学兵器は禁止条約がすでにできていますし、クラスター爆弾と対人地雷も禁止条約ができるに至っています。そういう条約ができる経験がまずあって、それも踏まえて多くの人々・団体などが努力されたからこそ、今回の核兵器禁止条約につながったのだろうと思います。こういう中小国やＮＧＯの取り組み、その果たした役割についてどのように考えられますか。

安斎　普通の私たちの運動では「総会」というのは最高議決機関で、非常に重要な役割をもっていますが、国連総会の決議は絶対的な拘束力を持たないのですね。一方、安全保障理事会は拘束力を持っているのですが、そこを牛耳っているのは一九六七年一月一日までに核兵器を開発したアメリカ、当時のソ連、イギリス、フランス、中国の五カ国（常任理事国）で、二重拒否権（一カ国でも反対したら議題にできないし、仮に議題にしても、最終段階で一カ国でも反対したら拘束力のある議決ができない）という特別の権限をもっています。そこが動き出すのを待っているわけにはいかないのは、歴史的に実証済みです。

一九七八年に第一回国連軍縮特別会議（ＳＳＤＩ）に五〇二人の代表団を送ったとき、私たちは各国の国連代表部を訪れて「会議のなかでこういう主張をしてくれ」と訴えました。ニューヨークのメキシコ国連代表部に行ったときには、大使に「今日はわざわざお出でいただいてありがとうございました」とまずは丁重に礼を述べたのですが、メキシコの国連大使は「いいや、私は二階から降りてきただけですが、あなた方は日本からはるばる来て下さったのです」といいました。そこには温かい連帯の雰囲気がありました。そういう国々こそ私たちが依って立つべき国だと直感しましたし、実際その後の原水爆禁止世界大会のために日本に来る国々の代表の言動を見るにつけ、そうした国々が今後の軍縮運動の面でも重要な役割を果たしていくだろうと確信し、国際NGO運動としても連携をずっと強めてきているわけです。それが核兵器禁止条約の実現においても現実の力になったということです。

自治体の役割という点でいうと、例えば林田さんが生まれた長崎には、林田さんがまだ物心つかないうちに伊藤一長という市長が誕生したものの、一一年前の二〇〇七年四月一七日に暴漢の放った二発の銃弾で暗殺されてしまいました。伊藤さんが市長になった直後に国連で核兵器の違法性をめぐる議論が始まり、国際司法裁判所で証言に立つことになりました。広島の平岡敬市長と長崎の伊藤一長市長が証言したのですが、予定された演説原稿を読み上げた伊藤さんは、どうも国際司法裁判所の裁判官たちに核兵器の非人道性が十分に伝わっていないのではないかと直感し、予定の発言時間を終えたときに、あの有名な黒こげの子どもの写真（撮影者・山端庸介）を振りかざして「この子たちに何の罪があるというのでしょうか？」とアピールしました。そのとき伊藤さんの脳裏に幼い三女の姿が重なったそうですが、その涙ながらの訴えは感動を与えました。

伊藤市長は、「広島・長崎市長は一地方自治体の首長以上のものだ。だからこそ人類史的な普遍性を背負って核兵器の非人道性について発信できるのだ」ということに気づき、その後熱心に核兵器廃絶の運動で活躍し、被爆地・長崎の市長としての役割を追求していきました。私が名誉館長を務める立命館大学の国際平和ミュージアムには、ご遺族の協力を得て設えた伊藤一長市長の展示コーナーがあります。

もう一つ、非政府組織（NGO）の役割もますます大事になっています。二〇一七年、ICANがノーベル平和賞を受賞しましたが、これもいろいろな団体や個人によって払われた歴史的な努力がＩＣＡＮ受賞という形で象徴的に結晶したのであって、被爆者団体を含めて、背景には国内外のたくさんの原水爆禁止運動の蓄積があったことを忘れてはならないでしょう。

ちょっと日本の原水爆禁止運動を振り返ると、すでに述べたように、七〇年代にはかなり鋭い対立感情が渦巻いていました。主な対立点は二つありました。一つは、「核兵器廃絶は一歩一歩部分措置を積み上げて実現していくべきか、それとも、逃げ道のない全面措置を正面から打ち出していくべきか」という問題、二つ目は、「原発問題を原水爆禁止運動のなかでどう位置づけるべきか」という問題でした。

第一の問題については、現実には一つ一つの具体的な軍縮措置を積み上げていかなければいけないことは明らかですが、歴史的にみると、一九六三年に発効した部分的核実験禁止条約（大気圏内、宇宙空間及び水中における核兵器実験を禁止する条約）は環境の放射能汚染に対する歯止めとしては一定の役割を果たしたものの、地下核実験という逃げ道を残したために核兵器開発に対する十分有効な歯止めにはならなかったというように、部分措置の蓄積だけでは核兵器の完全廃絶につながりにくいことも明らかです。核保有国に対して「核兵器全面禁止」の要求を突きつけながら、「有効な部分措置」も同時に追求していく以外にはありませんが、当時は歴史的な事情もあって運動の大きな争点になっていました。

第二の原発問題の位置づけですが、歴史的に見て「核兵器開発と原発開発」は密接な関係を持っていることも確かであり、これらの問題を別個の問題として切り離すことは正しくないでしょう。しかし、一方では、原発に賛成あるいは原発に対する態度を決めかねている人でも「核兵器は反対だ」考えている人が数多くいることも確かであり、その意味で「原発問題を核兵器廃絶運動の参加要件（踏み絵）にしてはならない」ということも正当です。

日本の原水爆禁止運動のなかでは、一九七七年に「人間の顔をしたシンポジウム」に共同で取り組む試みがあり、それを契機としてその後一〇年間にわたった統一世界大会開催の努力もありました。それぞれの団体や個人は、核兵器廃絶の人類史的大義と目の前の運動のなかに渦巻くわだかまりの狭間で悩み、試行錯誤しつつ、粘り強い運動を積み重ねて今日に至っているのが実情です。私たちは、核兵器廃絶運動の筋道や原発問題の位置づけについて相互批判の自由を認め合いながら、人類史的大義としての核兵器廃絶の共同目標に向かって、「核戦争阻止、核兵器廃絶、被爆者援護・連帯」の流れを大きくしていくことが大切なのだと思います。

林田　ＮＧＯに対しては二つのリスペクトについて話をしたいです。

一つ目は、日本のＮＧＯの方々です。これまで安斎先生のように原水爆禁止運動に携われた方々、そして何より被爆者の方々に対するリスペクトが私のなかで非常に大きいです。私にとっては生まれながら被爆者という存在が身近だったからこそ、「被爆者」と一括りにすることには違和感があります。私にとっては〇〇さん、〇〇さんなのです。自分のじいちゃんであり、隣の〇〇さんが被爆者なのですが、その感覚が東京に来ると必ずしも通用するわけではありません。大学に入って「修学旅行で被爆者に会ったからわかるけれど、これは〇〇で」と友人が語った時に腑に落ちない気持ちになったことを覚えています。それは私からすると高校生一人の話を聞いて「いまの日本の高校生について理解がある」といっちゃうぐらい違和感のある感覚なのです。高校生一人に話を聞いても、長崎と東京の高校生は随分違いますし、それがたとえ同じ県民でも運動部なのか、文化部なのかとかカテゴリーはたくさん存在します。それと同じように「被爆者」もじつは多様なはずなのに、大きく一括りにされているのには違和感を持っていました。

　当時の年齢や性別、経済状況などを鑑みながらそれぞれがどのような被害を受けて、その後どんな人生を送ったのか、被害の多様性をきちんと記録し世界に伝えることが非常に重要だと思います。

　大学に入って世界のいろいろな社会問題について学んでいくなかで、核兵器という存在は私たち人類にとってアウシュヴィッツと同じくらいこれまでの戦争のあり方を大きく変えた出来事なのだと気づきました。私は地元が長崎でしたから、原爆の被害があまりにも身近過ぎて、私にとってはローカルな話だったので、それが世界史的に意味のある出来事で、私の祖父一人の経験すら世界の人たちにとって必要な教訓なのだというところに全然気づけていなかったのです。

　大学に入って被爆者の方々と交流をしていくうちに、被爆者の方々が行動し続けている重さ、意味を痛感するようになりました。例えば、私の尊敬する社会学者石田忠先生は「反原爆の思想」ということを書かれています。被爆者の人たちが路上に立つ、街頭に立つ、演説の場に立つということは、それだけで大きな決断で、例えば自分が自分のお母さんやお父さんや友人を亡くしたという話や、腕に広がるケロイドによって夏でも長袖しか着たことがないという話。甘いものを食べるときに、「自分の友人は甘いものを食べたことがなかったのに、私はこうして甘いものを食べている」という罪悪感とか、「私だけが生き残ってしまった」という罪意識で辛いなか沈黙を守り続けるなど、ありとあらゆる感情が襲ってくるなかみんな活動しているのだということを、これまで私は気付けていなかったのです。それだけ重い決心をして立っている被爆者を前に、ときには化粧しながらとか、お隣の人としゃべりながらの態度で、話を聞こうともしない人を前に連日講演を重ねているわけです。それでもなお立ち続けているのは、「これだけ辛い思いをしていても、私に

は伝えたい気持ちがある」という、言葉としては正しくないかも知れないのですが、人間としての〝意地〟みたいなものがあるからだと感じます。被爆者の人たちと交流していくうちに、〝存在証明〟というか、人間の輝きみたいなものを強く感じるようになって、そこに対する尊敬の気持ちがいまの私を突き動かしていると思います。

もう一つは海外のＮＧＯへのリスペクトです。ＩＣＡＮのメンバーなどの人たちが今回の核兵器禁止条約のときにとくに頑張ったわけですが、彼らと話したときに驚いたのは、彼らも私とまったく同じ気持ちでいまの運動を牽引しているというところでした。例えば一昨年の八月に安斎先生といっしょにお酒を飲む会があって、そこに同席していたオランダのセルマさんという女性は、オランダのなかで核兵器禁止条約を進めるための若いリーダーとして活躍しています。彼女はまだ三〇代前半で、オランダ政府が核兵器禁止条約についてどういう決断を下すのか、市民の声を署名の形で提出するリーダーをしていたのですが、彼女も私とまったく同じように被爆者に対するリスペクトを持っていました。二年前ですが、当時ご健在だった谷口稜曄《すみてる》さんもいっしょに私とセルマさんと三人で写真を撮りました。それを私は大切にとってあるのです。そういう経験から彼女たちをはじめ世界の若者とはシンパシーを強く感じます。

さきほど木村先生から、二〇一〇年から今日までは非同盟諸国だとかアジェンダ連合だとか、いわゆる中小国家と呼ばれるような国々がイニシアティブを発揮しながら、大きな世論をつくってきたというお話がありましたが、私が大事だと思うのは、そういう国々だけではなく、そこに同じような位置づけでＮＧＯの人たちがいたというのが新しい流れだったということです。このＮＧＯの人たちはそれぞれの国の外務省の人たちや首相などが提供できないような非常に有益な情報をそれぞれの会議で提供してくれたと思います。そうやってＮＧＯの人たちがリーダーシップを発揮して組織したセクションなどで語られたことが、今回の核兵器禁止条約にかなり盛り込まれていることを考えたときに、被爆者だけでなく、それに共鳴した人たちが、日本で、アメリカで、ヨーロッパで、アジアでずっと活動を続けてきたからこそ、いまがあると強く感じます。そう考えると、私はその歴史の上に立っているのだということに感動してしまいます。

木村　お二人から核兵器禁止条約が成立するに至った経緯とその原動力、中小国家やＮＧＯの役割について素晴らしいコメントをいただいたと思います。とくにアマルティア・センの「人間の安全保障」という観点や、レオン・フェスティンガーの認知不協和理論など、いくつか重要な観点も提起していただいたと思います。

ＩＣＡＮとは何かについて私から少し説明させていただきますと、世界の核兵器廃絶に取り組む民間団体からなる連合体で、二〇〇七年に発足し、現在一〇一カ国・四六八団体が参加しています。そして日本では国際交流ＮＧＯのピースボート、認定ＮＰＯのヒューマンライツ・ナウ、それから核戦争防止国際医師会議日本支部、反核医師の会、プロジェクトナウの五団体が参加しています。また、ＩＣＡＮには世界で一〇の団体でつくる国際運営グループがあって、ピースボートがその一つに入っていて、さきほどからお名前が出ている川崎哲さんが国際運営委員の一人として重要な役割を果たされています。私もピースボートには何回か水先案内人で乗船させてもらった経験がありますが、ピースボートが約一〇〇名の被爆者の方々を乗せて世界中を回って証言の会をされていた「折り鶴プロジェクト」の役割は非常に画期的だったと思います。私も長崎でお会いしたときに、被爆者の方々の合唱団の歌を直接お聴きする機会があって感動した覚えがあります。さきほど故・谷口稜曄さんのお話も出ましたが、私は毎年のように夏に長崎でピーター・カズミックさんといっしょに原爆投下のお話をしたりする機会がありましたが、その集会で最初に谷口稜曄さんから被爆体験の証言を日米の学生五〇、六〇人を前にしてお聞きするということもありました。

日本政府が果たしている相矛盾した役割

木村　核抑止論の呪縛についてのお話もありましたが、ここで日本政府が果たしている相矛盾した役割についてお聞きしたいと思います。日本政府は一方では「唯一の被爆国」――最近では「戦争被爆国」という表現に変えてきていると思いますが――として核廃絶を訴えるという側面です。もう一つの側面は日米安保条約下にあってアメリカの核の傘に入っているということです。今回の核兵器禁止条約についても、反対した国々のなかには核保有五大国を初め、いわゆる核の傘に入っている国々が多くありました。日本政府はこれまでこういった核廃絶の動きに対しては消極的で、「不参加」や「棄権」という対応をしていた経緯もありますが、今回は明確に「反対」という核保有国と同じ立場の表明を行いました。唯一の戦争被爆国である日本が本来ならば核廃絶の先頭に立たなければならないのに、それに背を向けるような姿勢・対応を見せているのです。

また、毎年国連総会に日本政府が中心となって核兵器廃絶決議案を提出しており、昨年（二〇一七年一二月五日）も出されて、二四年連続で一応採択されてはいます。ところが、その決議の内容は従来と比べてもいくつかの点で変化がありました。「あらゆる核兵器の使用に反対する」という表現の「あらゆる」が抜けたり、あるいはＮＰＴ条約の核軍縮義務を明記している第六条への言及がなくなるなど、明らかに核廃絶への姿勢が後退していたのです。結局、賛成が二〇一六年と比べたら二三カ国減って、一四四カ国になりました。これは核兵器禁止条約に賛成した国々に日本政府への不信があったことの反映でしょう。そこも含めて、いまの日本政府の相矛盾した役割についてどのように考えておられるかを、林田さんの方からお願いします。

林田　誰の目から見ても日本政府のいまのスタンスは筋が通っていません。例えば、日本政府が核兵器禁止条約に参加しない理由として「核兵器保有国と非核兵器国の溝が深まる」、「橋渡しをする」ということをいっているのですね。「橋渡しをする」ということは、片方に荷担することではなく、中立の立場からコミュニケーションの仲介役としてイニシアティブを発揮するのでなければおかしいわけですが、日本政府は今回「棄権」ではなく「反対」したわけです。それで「橋渡し」といわれても、口だけであって、態度で示せていないと受けとめられても仕方ないと思います。

木村　「二枚舌外交」といわれていましたが、それが一枚舌になったわけですね。

林田　日本政府の主張は「いまのＮＰＴ体制のもとで、段階的に核兵器を減らして廃絶を目指すのが現実的だ」というものです。しかし、日本政府がこの間やってきたことは何かというと、例えばＮＰＴのなかで核の平和利用は権利として認められているわけですが、ＮＰＴ体制を抜け出して核兵器を持っているインドに原発の輸出を決めました。そして、トランプ大統領が表明したＮＰＲ（核態勢見直し）、これは新しい新型の核兵器をつくったり、通常兵器に対して核兵器を使用することなどが書かれており、明らかにＮＰＴ二〇一〇年の最終合意文書に反していますが、これに支持を表明しました。つまり日本は、ＮＰＴがこれまでみんなで全会一致で決めてきたことをことごとく蔑ろにしてしまっているということです。

さらにバツが悪いことに、段階的な廃絶へ向けた努力の一つとして政府は包括的核実験禁止条約（ＣＴＢＴ）の早期発効を目標に掲げていますが、発効の足かせとなっているのは同盟国のアメリカなのです。また、段階的という主張と抱き合わせで出すべきだとＮＧＯが主張している期限付きのロードマップ案はいつまでたってもでてきません。

状況を整理すると、日本政府は唯一の戦争被爆国として核兵器廃絶へむけてイニシアティブをとるといいながら、むしろ足を引っ張っているということです。

私たちとしては残念なことです。被爆者の方々だけではなく、核兵器禁止条約を積極的に推進してきた国々も、ＮＰＴ体制そのものを否定しているわけではありません。一九七〇年に発効したＮＰＴが機能していないから、核兵器禁止条約をつくることでもう一度ＮＰＴを機能させたいという背景があるはずなのです。

安斎　被爆国の日本政府が核兵器禁止に反対できないのは、そうすると国民に背を向けることになるからですが、かといって賛成するとアメリカに叱られるわけです。私はあるところでアメリカのことを「日本の宗主国」と呼んで「大胆なことをいうね」といわれたことがあるのですが、まさに植民地ではないかと思われるほどアメリカは宗主国的な影響力を持っていると思います。戦後日本のあり方は、まさにアメリカの世界戦略にのっとって形成されてきました。日本を支配するために三つの安全保障の面――食料安全保障とエネルギー安全保障と軍事安全保障――でがんじがらめにする、それがアメリカの一貫した対日戦略でした。アメリカ型の原発に偏重してきた日本の原発開発が、結局、福島原発事故のような深刻な事態をもたらした背景にも、そうした対米従属性といわれる問題があると思います。

ですから日本政府はこれまでも国連総会で核兵器使用禁止条約の決議などが出たときには、賛成もできず、反対もできず、棄権という態度をずっととってきました。今度の核兵器禁止条約についても作業部会レベルでは最初は参加する意向を示していたにもかかわらず、それが途中で「宗主国」にいわれて参加しないことになるなど、被爆国にまったくふさわしくない行動をとっているのです。今回のことだけでなく、沖縄返還のときにも「核抜き本土なみ」と一方ではいって表向きは非核三原則を標榜して佐藤栄作首相がノーベル平和賞を受賞するようなことをしていながら、裏では密約を結んで、「必要ならいつ持ち込んでもいい」と約束するという、非常に矛盾した二枚舌政策をとってきました。核兵器禁止条約に対する日本政府の態度は、そのまさに集大成のような感じがしました。

こういう矛盾した態度を日本国政府がとり、それが世界の平和と安全の基本になる核兵器禁止条約の実現を妨げる大きな障害になっているということを、もっと国民的な争点にしないといけないと思うのです。この間の国政選挙でもこの問題が十分争点化されませんでした。森友問題や加計問題のような問題に目を奪われ、テレビの国会中継の大部分はそれに時間が割かれてしまい、核兵器禁止条約という人類史的な出来事が起こっているなかで、わが政府がどういう態度をとっているかがなかなか国民的争点にならなかったことが、こういう状況も招いていると思うのです。

木村　安倍首相はＩＣＡＮの代表ともあえて会わなかったですよね。

安斎　ＩＣＡＮという名前が示す「私はできる」という略語に集約されていますが、いま何が起こっていて、日本政府がどういう態度をとっているのかを国民が知ってこそ初めてそれを変革する力が芽生え、「イエス・アイ・キャン」という意思も芽生えると思います。一人ひとりは微力だけれど無力ではないのだという気持ちがＩＣＡＮに結びついて林田さんたちの運動が実を結ぶ展望が拓かれるので、核問題について大きな矛盾を抱え込んでいる政府は必死になって国民に隠しているように感じます。

核兵器禁止条約はＮＰＴ体制を否定するものか？

木村　核兵器禁止条約に関連してもう一つ触れておく必要があるのは、さきほどからも出ていますＮＰＴ体制との関連で、今回核兵器禁止条約に反対して署名しなかったような国々から出されている論理のことです。その一つが、「核兵器禁止条約はＮＰＴ体制の蓄積と機能を否定するものである」というものです。それに対して、ＩＣＡＮの国際委員でピースボートの共同代表でもある川崎哲さんなどが「そうではない。ＮＰＴ体制の脆弱な部分を補って補強するものだ」と主張されています。それで、ＮＰＴ体制をどう評価するのか、そして核兵器禁止条約との関連をどうみなすのか。これらの点について林田さんからまずお話しください。

林田　私はいま国際署名のキャンペーンリーダーとして講演活動を週何本かぐらいかのペースでこの一年半行ってきているのですが、その講演のなかで実感するのは、ＮＰＴ体制の基本のキというか、不平等性を指摘するだけで、みなさんハッとするということです。「これまでの私の北朝鮮や中国に対する認識って何だったのだろう」という疑問が自然とわき起こってくるのです。ですから、たくさんの説明は必要ないと思います。

ＮＰＴの第六条に書いてあることをきちんと読んだ上で「いまのアメリカが、いまのロシアが、いまの中国がやっていることはどう思いますか」と質問するだけで、こちらからこれまでの歴史を長々とレクチャーする必要なしに「あっ、それって、こっちにはこっちで非があるんだね」という気づきにつながっていくのです。そうすると、いま私たちがやるべき行動も、これまでのやり方ではダメだというふうに、みなさん自分の意思で変わっていくので、ＮＰＴ体制をいまもう一度「問い直す」ではないけれど、いままで知らなかった人たちの方が多いわけですから、きちんとレクチャーするべきです。短い、三〇分のワークショップですら意識改革が起こります。

べつに条約について長々と難しいことをたくさん語る必要はなく、「ＮＰＴというものがありました。九五年の期限つきだったけれど、守られませんでした。このままずっと不平等な状態が続くのかと思ったときに、そもそも核兵器を持つこと、使うこと、渡すこと、開発することは人道的にダメなのではないかという議論が起こり、『そうだ、そもそも誰が持ってもいけなかったんだ』とみんながいまシフトしているんですよ」という、絵本にもできるような物語を伝えてあげるだけでリアクションが全然変わるのです。

私の話を「ちょっと冷やかしてやろうか」ぐらいの気持ちで聞きに来ている人たちがたくさんいるのですが、そこに気づいたときにハッとさせられているのを見ると、ＮＰＴ体制を土台に考えることは〝使える〟と希望を感じます。そもそも核兵器禁止条約はＮＰＴ体制を生かす、また〝水をあげる〟作業だと私は思っているので、対立すべきものではなく、ＮＰＴ体制のための栄養剤だと思うのです。

安斎　ＮＰＴは、一九六七年一月一日までに核兵器をつくって実験した米・ソ・英・仏・中の五カ国は国連安全保障理事会の常任理事国として特別扱いし、その後核兵器を開発したイスラエル、インド、パキスタン、北朝鮮とは相対的に分けたのですね。そういう不平等性があることを伝えることは簡単なことですし、そこから世界の核問題に気づいてくれる人が多くなることはとても大事なことです。

核兵器禁止条約は賛成一二二、反対一、棄権一で採択されました。反対したのはオランダです。そういうとオランダは特別に悪い国と思われるかもしれませんが、オランダはいってみれば「核兵器保有国の意向を代表して」主張を展開したのですね。ＮＰＴは核兵器の使用を禁止していません。核兵器禁止条約はそれを禁止しているので、オランダとしては北大西洋条約機構（ＮＡＴＯ）の一員として、つまり、アメリカ、イギリス、フランスなどの核兵器保有国の代弁者として、「いざというときには核兵器を使える」という条件を確保したかったのでしょうが、事実上孤立して賛成一二二、反対一、棄権一という圧倒的な数で決着がついたのです。

だいぶ前に『核――知る・考える・調べる』（日本科学者会議編、合同出版、一九八二年）という本を出したことがありますが、やはり「知る」ことが大事です。多くの人々が「核の傘」は頼りになるかも知れないと思って核兵器に期待をかけているのですが、ほんのちょっと事実にもとづいて本質を認識すれば世界の核状況に対する態度が変わり得ると思いますし、そのことは非常に大事だと思います。

木村　オランダは最後、反対ではなく棄権だったのでしょう？

安斎　いや、オランダは条約には唯一の反対でした。シンガポールが棄権でした。

林田　二〇一六年の一〇月、一二月のときにはオランダは棄権でした。

木村　そのときは棄権でしたか。そのときには議会の動き・圧力があってそうなったのですね。

林田　署名を提出された。

木村　オランダはＮＡＴＯの同盟国でありながら棄権に回ったのですから、その点は評価してもいいですね。ＮＰＴ体制については、不平等で差別的な条約であるという本質があるとしても、二つの条件を課していて、それが守られるという前提付きでまだ積極的に評価できる側面もあると思います。

一つは核保有国の核軍縮義務です。核兵器廃絶のタイムスケジュールを明確にして実施するという義務とまではいえませんが、着実に核軍縮を進める義務を課しています。冷戦終結後の一時期、確かに米ソを中心に核兵器の部分的廃棄・縮小という形で核軍縮を行いました。しかし、その後はむしろ止まったままで、核兵器の近代化についてはさまざまな形での実験を繰り返してきているという現状があります。

もう一つが、原子力の平和利用としての原発の保有を非核保有国に認める一方で、核兵器の拡散は決して認めないというものです。ところがその非核保有国の原子力の平和利用についてはダブルスタンダードがあります。非核保有国における核兵器への転用疑惑を核保有国が一方的に判断して力づくでその排除を行おうとする危うい事態が生じています。その典型がイラン問題であり、北朝鮮問題であると思います。その一方で、米英などの核保有国に近い立場にあるイスラエル、インド、パキスタンの核保有については事実上容認するというダブルスタンダードが現実に存在しています。このように、ＮＰＴ体制は大きな矛盾をはらんでいるといえます。

しかしＮＰＴ体制を現時点で完全になくして世界の核拡散を防止できるかといったら、それも難しいと思います。そうした大きな矛盾を解消する必要があるという流れのなかで出てきたのが今回採択された核兵器禁止条約です。両者、すなわちＮＰＴ体制と核兵器禁止条約は相補う補完関係にあるものであって、否定し合うものではありません。最大の問題は核保有国とその「核の傘」の下で核拡大抑止を受けている日本などの半核保有国の頑なな態度です。国際世論と市民の力でそこを変えさせるしか核廃絶を実現する道はないということです。そのなかで唯一の戦争被爆国である日本政府、現在の安倍政権の対応を根本的に変えさせる責任が私たちにはあると思います。

安斎　前にちょっと触れましたが、国連安全保障理事会（安保理）の常任理事国には二重拒否権があります。まず議題として取り上げるかどうかで拒否権が発動でき、さんざん議論した上で、採択の段階でもう一回拒否権が発動できるのですね。安保理常任理事国五カ国がいずれも核兵器先行保有国であるという体制をＮＰＴは反映しているので、制約があることも確かです。一方では、ＮＰＴは国家レベルでの核兵器に対する態度を規定している加盟国数がもっとも多い条約であることも疑いない事実です。

一九九五年に（五年ごとに開かれる）ＮＰＴ再検討会議の最後の会議がありました。一九七〇年に条約ができてから二五年経ったら条約はなくなる予定だったのですが、ジャヤンタ・ダナパラ議長（スリランカ）のもとで無投票で無期限延長を決めました。ダナパラさんは核兵器廃絶にも努力した科学者組織であるパグウォッシュ会議の会長も務めましたし、国連事務次長も歴任した外交官です。原水爆禁止世界大会にも参加したことがありますし、私が国連職員軍縮・平和運動に招待されてヨーロッパ国連本部を訪れたときにもお会いしました。最初、ＮＰＴの無期限延長を「無投票で決めた」と聞いたとき「おやっ？」と思ったのですが、投票をしたら「反対が何カ国」とか「賛成がいくつ」とか実績が残ってしまうので、それを残さないままに無期限延長を決めたのは、それはそれで一つの知恵だったのでしょうね。私たちはそれをさらに核兵器禁止条約によって発展させなければならないと確信します。

アメリカの核兵器開発にかかわったマンハッタン・プロジェクトの関係の科学者が、広島に原爆が落ちたときに「七五年、草木も生えない」といった七五年目が二〇二〇年です。私は、私自身がジェネラル・コーディネーターを務めている「平和のための博物館国際ネットワーク（ＩＮＭＰ）」の第一〇回大会を二〇二〇年に日本で開催しようと思っています。核問題だけではなく、二〇二〇年というのは一つの画期になりそうな気がします。

木村　安倍政権下で改憲問題も出ていますし、天皇退位・改元や東京オリンピックの問題もありますし、すべてが重なっていますね。

安斎　民主主義のありようについての議論もね。

（2）アメリカの核戦略と核抑止力の問題点

トランプ政権の「核戦略見直し」

木村　これまで核兵器をめぐって暗い側面を中心に議論をしてきました。次に、アメリカのトランプ政権がつい最近発表した「核戦略体制の見直し」（ＮＰＲ）を初め、いままでとは逆の核兵器をめぐる暗い側面の流れについて目を向けてみましょう。この「核戦略体制の見直し」にはいくつもの重大な問題があります。まず、「核使用は、核以外の戦略的攻撃を受けた場合も含まれる」。これは通常兵器による攻撃やサイバー攻撃にも核兵器で報復するということで、核兵器の役割を限定・縮小するのではなく、まさにそれを拡大す

郵便はがき

6028790

料金受取人払郵便

西陣局
承認
7080

差出有効期間
2019年7月
31日まで

(切手を貼らずに
お出しください。)

(受取人)
京都市上京区堀川通出水西入

㈱かもがわ出版行

注文書

ご注文はできるだけお近くの書店にてお求め下さい。
直接小社へご注文の際は、裏面に必要事項をご記入の上、このハガキをご利用下さい。
代金は、同封の振込用紙(郵便局・コンビニ)でお支払い下さい。

書　名	冊数

ご購読ありがとうございました。今後の出版企画の参考にさせていただきますので下記アンケートにご協力をお願いします。

■購入された本のタイトル	ご購入先

■本書をどこでお知りになりましたか?

□新聞·雑誌広告…掲載紙誌名(　　)
□書評·紹介記事…掲載紙誌名(　　)
□書店で見て　□人にすすめられて　□弊社からの案内　□弊社ホームページ
□その他(　　)

■この本をお読みになった感想、またご意見·ご要望などをお聞かせ下さい。

おところ　□□□-□□□□　☎

おなまえ(フリガナ)	年齢	性別

メールアドレス	ご職業

お客様コード(6ケタ)							お持ちの方のみ

メールマガジン配信希望の方は、ホームページよりご登録下さい（無料です）。
URL: http://www.kamogawa.co.jp/
ご記入いただいたお客様の個人情報は上記の目的以外では使用いたしません。

るものです。また、「核の先制不使用政策は適正ではない」として、核の先制使用を正当化する方針を打ち出しています。さらに「潜水艦発射弾道ミサイル（SLBM）に搭載する低爆発力の小型核弾頭を導入」するということで、核の小型化を推進しようとしています。具体的には、長崎原爆の四分の一の威力のものをいま開発中ということです。さらに核兵器禁止条約についても否定的で、「核兵器禁止条約は核廃絶の非現実的な期待にもとづいている」という評価を打ち出しています。それから最後に「包括的核実験禁止条約（CTBT）批准は支持しない」という点も明確にしています。

ここには明らかに従来とは違った形で核兵器を位置づける姿勢が示されています。これまで「使用できない兵器」とされた核兵器を、「使用できる兵器」へと変えるものです。これによって、核使用のハードルを大幅に引き下げることになり、これから世界的規模での核軍拡競争を招くだけでなく、現実に本物の核戦争の危機を招来させかねない危険な内容だといえます。

こうしたアメリカの攻撃的な核戦略についてどう考えたらいいのか。さきほどの日本政府の役割の関連でいうと、河野太郎外務大臣が談話で、このアメリカの「核戦略見直し」を「高く評価する」という支持表明をしました。また、その発言が一部で批判されると、CTBTへの批准を拒否する点は少し問題であると軌道修正したものの、同盟国に対する抑止力を拡大し、核の傘を保障すると明言している点は評価できるとして基本姿勢は変えていません。

安斎　これは、ある意味で、核抑止論の荒々しい姿あるいはその本質が現れたということだと思うのです。すでに述べましたが、核抑止論といわれるものは「核兵器によって相手を押さえ込む」という考え方で、当初は「核によって核を抑える」という考え方でした。沖縄に核兵器を持ち込むときも、「敵が核兵器を持っている以上、こちらも核兵器を持ってその使用を抑えるのだ」ということから始まったのですが、その後「核によって戦争を抑止する」という考え方になっていき、相手が通常兵器を使った場合でも核使用の選択肢を残しておくということになったのです。

これはどういう意味で危険かというと、核兵器で脅しつけて、相手が軍事力行使に出るのを抑えていたつもりが、いったん抑止が破綻して相手が軍事行動に出た場合には、核兵器を使わざるを得なくなる危険が大きいということです。つまり、「もし何かあったら核兵器をお見舞いするぞ」という脅しによって成立している考え方ですから、相手が軍事行動に出たのに何もしなければ、「核による脅しはたんなる張り子の虎だったのか」ということに当然なるわけです。だから、核兵器を使用しなければ抑止力としての機能を失うということです。つまり、核抑止論というのは、その本質において「核兵器の使用を前提とした考え方だ」というのがヒロシマ・ナガサキを体験した私たちの基本的な考え方なのです。

その「抑止力」なるものは、国連事務総長もかつて報告でいったことがありますが、「抑止力は機能している間だけ抑止力であるに過ぎない」というものです。脅しをかけて何事も起こらない間は確かに機能していたように見えるけれども、いったん抑止が破綻したとたんに核抑止論そのものが破綻していくという本質をそう表現したわけです。少しわかりにくい表現ですが、まさにそういうことですね。

イギリスの海軍将校で、核兵器を扱う判断をする立場にあったロバート・グリーンという元軍人がいます。彼は「イギリスは核兵器で脅しをかけているので、抑止力が働いて戦争は起こらない」と思っていたら、一九八二年にアルゼンチンとの間でフォークランド紛争が起こったのです。それを契機に、グリーンさんは核兵器を扱う部署にいる海軍将校として「核抑止論は真っ赤な嘘だ。国家的詐欺に過ぎない」という考えに変わり、いま反核運動に身を投じてニュージーランドで活動しています。原水爆禁止世界大会にも参加しました。

その点でちょっと最近不安に思っているのは、ヒロシマ・ナガサキ以来これまで核兵器は実戦で一度たりとも使われてこなかったのだけれども、こういう対抗関係のもとで緊張関係がエスカレートすると、人為的ミスやちょっとした機械的なエラーが大問題に発展することがあり得るということです。「ナガサキを最後の被爆地に」といってきたことが、実際にこの状況の下で崩れる恐れがあるかも知れないという危険性を感じます。


林田 これまでの私たちの歴史を考えたときに、例えば冷戦下にアメリカとソ連は核抑止があったから、機能していたから核戦争にならなかったのかというと、そうとはいえないという事実が出てきていると思うのです。これまでも例えばソ連の将校が「これは誤報だ」と決断ができたから攻撃せずに済んだみたいなことはありました。そのように誤発射であったり、コンピュータなどが「核兵器がきた」とアラートを出したらただの衛星だったりと、判断ミスから核兵器が使われる可能性は一度や二度ではなくあったわけです。これから先も同じような可能性は十分あり得ます。

今回、NPRが出されたことで核兵器が小型化して使いやすくなることを考えると、感情的に「やり返せ」という気持ちになったり、本当は自分たちの国に核ミサイルは来ていないけれども何かの情報ミスやコンピュータのミスで核兵器が自分たちのところに来ていると誤判断した時のリスクは、むしろ高まっていると思うのです。たとえ誤って使用しても、報復は飛んできますし、そうなると核戦争です。

もう一つ気になっているのは、核抑止で相手を脅して自分も脅されるというやじろべえみたいなバランス感覚のことです。多くの人が核抑止による均衡こそが平和なのだと謳っています。例えば今回のように「より使いやすくする」という決断を下して恐怖を増大させることで疑心暗鬼はむしろ大きくなっているのではないでしょうか。当然北朝鮮も対抗すべくアメリカにとってより脅威となる核開発を進めるという流れになります。このような軍拡競争が本当に必要なのか。歴史を踏まえていまの状況を冷静に分析して、何をなすべきか議論すべきだと感じます。

木村　アメリカの核戦略は、すでにブッシュ政権下で核の先制使用戦略に転換しており、オバマ政権もそれを覆さずに継承していたのです。オバマ政権は核戦力の近代化のための軍拡予算一兆ドルも認めていました。オバマ大統領は「核のない世界」の実現をプラハ演説で提起したという印象が一般的には非常に強いと思います。しかし今回のトランプ政権の核戦略見直しは、一見オバマ政権のこれまでの方針を覆すものだという見方が前面に出されていますが、じつはその継承・発展でしかない、というのが私の評価です。

その背景には、これからお話ししていただく朝鮮半島情勢、北朝鮮の核ミサイル問題だけでなく、ウクライナ、シリア、イラン、その前のアフガニスタン、イラク、リビアなどの中東危機と連動している点も見逃せません。アメリカの最大のターゲットは、北朝鮮とイランだけでなく、最終的にはロシア、中国でもある可能性があるのです。わたしが非常に怖いなと思うのは、サイバー攻撃に対する報復としても核兵器を使用すると明言している点です。

いまロシアのプーチン大統領がアメリカの大統領選挙でトランプ陣営を勝たせるために介入したという「ロシア・ゲート疑惑」が取り沙汰されています。そして、今日に至るまで決定的な証拠・根拠が示されていないのにもかかわらず、すでにロシアの外交官追放などの報復措置が一方的にとられています。これは極めて異常な事態ですが、こうした異常事態が繰り返される恐れがあるのです。何らかの形でサイバー攻撃がアメリカの原発を含む主要な施設に対して行われて大規模停電・大火災などの被害が出て、それがロシアによってなされたと一方的な発表が行われて、その報復としてアメリカが先制的な核攻撃と本物のサイバー攻撃を行ってそれを正当化する動きにもつながりかねないという懸念です。

そうした背景には軍産複合体の大きな影響があるのではないかと思います。この軍産複合体については、アイゼンハワー大統領が一九六一年の離任演説のときにその存在と影響力の大きさに警鐘を鳴らしたということがあります。冷戦終結後のアメリカは世界の軍事費の約半数近く、武器輸出の七割以上をも占める明らかに軍事超帝国になっています。単に「死の商人」として武器を売るというだけでなく、何らかの形でつねに戦争がなければ成り立たない「戦争中毒国家」になっているという問題が根本的にはあります。戦争の民営化が急速に拡大して、民間軍事会社（ＰＭＣ）が正規軍に代わって戦争遂行に重要な役割を果たすようになっている点もそうした傾向に拍車をかけています。

そうしたなかで、今回の核兵器の小型化・近代化で、核兵器を「使える核」にしようという動きは、明らかに、いま林田さんが触れられた核による恐怖の均衡さえも崩そうとするものだといえます。これまで、相互に抑止するという消極的な意味での核兵器の役割があるとされて、お互いに先制攻撃がしにくくなるという一面はあったと思います。しかし、ミサイル防衛システムがＡＢＭ（大陸間弾道ミサイル制限条約）を一方的に破棄して導入されたこととも合わせて考えると、相互核抑止も捨てようとする新たな段階にいま入りつつあるのではないかと私はみなしています。

その点は核兵器の持つ脅威、恐怖の均衡、報復攻撃の脅しで核戦争を抑止するという核抑止力をどう考えるかという問題とは裏腹の関係ですが、そういった問題を含めてお二人がどのように考えておられるかをお聞きしたいと思います。

安斎　核兵器は、当初原爆から水爆開発に至る過程で威力の大型化が追求されていき、その極点がビキニ水爆だったわけです。第二次世界大戦で使われたありとあらゆる爆弾とか砲弾とか銃弾の威力を合計するとだいたい三メガトンといわれています。カール・セーガンなどが一九八〇年代の初頭にやった「核の冬」研究で、そういう評価がされています。つまり、一九三九年から一九四五年までの足かけ六年間の第二次世界大戦で使われたすべての爆弾や砲弾や銃弾の威力をＴＮＴ（トリニトロトルエン）という高性能火薬に換算するとおよそ三メガトン（＝三〇〇万トン）だったというのですが、ビキニ水爆はたった一発でその五倍（一五メガトン＝ＴＮＴ火薬一五〇〇万トン）だったということで、第二次世界大戦五回分とよくいわれます。ソ連も一九六一年一〇月に第二次世界大戦一七回分にあたる五〇メガトンの水爆実験をやりましたが、そのときは衝撃波が地球を三回まわったということでも知られています。

そういう大型化をしていったものの、実際それは使いにくい。使い勝手が非常に悪くて、例えば北朝鮮にそんな大きな核兵器をたたき込んだらものすごい放射能汚染が起こり、攻撃した側だってそこに上陸して占領政策を展開することができなくなるでしょう。そこで、一方では実際の使い勝手のいい小型の核兵器の開発も進められました。アメリカはこれまでも膨大な技術開発のノウハウを蓄積してきましたが、トランプ政権の下で新たなＮＰＲとして政策化され、最前線まで含めてそういう考え方の下で実戦体系が築かれていくようなことになると、それは非常に危うい緊張関係を生み出すと思うのです。人間は、実際に使える核兵器を絶えず準備しておかなければいけない状況になると、高ストレス下でいろんな思いがけない想定外の状況のもとで間違った行動をとったり、ちょっとした技術的な間違いが引き金になって深刻な事態を招いたりすることになりかねないのです。

二〇一七年五月、スタニスラフ・ペトロフ元ソ連防空軍中佐が亡くなりましたが、彼は際どいタイミングで核ミサイルの発射を防いだ人物として知られていました。冷戦中の一九八三年九月二六日の深夜、アメリカから一発のミサイルがソ連に向けて発射されたという警報が出されました。決められた手順通りだとユーリ・アンドロポフ書記長に通告する時間は一五分を切っており、もしも通告されていたら即時に大陸間弾道ミサイル（ＩＣＢＭ）の発射命令が出されていただろうと考えられています。幸いペトロフ中佐が誤情報であることを見抜いたため、警報は書記長に送られず、「報復攻撃」は行われませんでした。結果的に事なきを得ていても、最前線ではわれわれがうかがい知れないような緊張関係の下で毎日のように際どい事態に直面しているのです。実戦配備体系のさらなるエスカレーションの下でこういう考え方が政策化して推進されるようなことになると、具体的な危険がより現実化しやすくなると思うのです。

サイバー攻撃についても一言つけ加えておきましょう。核兵器を使うことの意味は、何も核によって物理的な意味での破壊をしたり、人間の殺傷をしたりする危険があるだけでなく、上空数百キロメートルで核兵器を爆発させて、それによって生じる電磁波によって相手の電力網や生産手段や通信システムに至るまでを瞬時にして破壊してしまうという使われ方があります。それが基本的な使われ方になりつつあるといわれます。

現代社会では、サイバー攻撃というのは日常的に起こっているわけで、日本も年間一〇〇億回をこえるサイバー攻撃を受けているといわれますが、もしもそうしたサイバー攻撃に核をもってサイバー攻撃を仕掛けるなどということになると、「地上数百キロでの核爆発なら直接地上に降ってくる放射性物質は少ないだろう」という人もいますが、非常に危険なことだと思います。核抑止力がかろうじて「恐怖のバランス」を保つような状況は、私たちがとるべき道ではないように思います。

抑止力を考える

木村　林田さんはそういう問題についてはどう考えておられますか。

林田　日本の核武装への意思表明は、３・11以後かなり表面化していて、石破茂さんが自民党の幹事長のときに、なぜ原発の再稼働が必要なのかと問われ、「潜在的な核武装能力の維持のために必要だ」と本音をいいました。そのような考えは、もはや少数派として無視できる状況ではなくなっていると感じます。まだ被爆者の方々がご存命だからこそ、歯止めがあり、あからさまに大きな声になっていないだけというのが実情だと思うのです。

日本人だけでなく、世界中の人々にとって、核兵器による抑止は「命をあずけている大きな存在」です。しかし、核抑止の理論の定義も脆弱さも評価も、いわゆる基礎情報すらも多くの人たちが理解していません。多くの人たちが「核抑止によって守られている」と実感、あるいは勘違いしている状態が野放しにされているのは非常に気持ち悪い。核抑止が機能していると信じているからこそ、私たちは呑気に暮らせているわけです。呑気にできるきちんとしたファクトがないにもかかわらず、これだけ成熟した民主主義国家の私たちが何の疑いもなくいまの状況を容認している状況こそ〝お花畑〟ではないかと思います。

この間ＩＣＡＮのフィン事務局長が来日して国会議員と議論したときに、抑止の話になり、「核兵器禁止条約の必要性や抑止に対する知識が低いのでこれから勉強会をしなければいけない」という意見も出ました。核抑止には論理的にも脆弱な部分がたくさんあります。その点を国政レベルで議論をしていくうちに「圧力一辺倒でいいのか」「いまのままだとリスクが高すぎるのではないか」という自然な感情が議員たちにも生まれてほしいと思います。核抑止を頭ごなしに否定しろといっているわけではありません。ほかの方向も同時進行で検討することが私たちにとっていいことだというポジティブな動きが生まれてほしいのです。「抑止はすごく大事だということを前提にしましょう。大事だからこそみんなで考えましょう」という提案をして、そのなかで議論が成熟していけば自然とオルタナティブが出てくる、そういう流れがつくれればいいと考えているところです。

木村 いまのご指摘は、かもがわ出版から出た鳩山友紀夫元総理と柳沢協二さんの『抑止力のことを学び抜いたら、究極の正解は「最低でも国外」』の内容とも重なるものですね。これは核抑止論が現実的に見てどういう機能を果たしているかを正しく認識するとともに、そこを乗り越える方向性を考えないといけないという積極的な内容を含む提案なので、そういうものも含めて私たちも真剣に考えなければいけないと思います。

林田 福島の問題とも重なります。「これこそ安全神話だ」と思うのですが、原発の安全神話と構造はかなり似ています。全然安全ではないということはちょっと考えればわかるのですが、みんなそこで思考停止状態になってしまうのです。

安斎 気がついたときには「時すでに遅し」になりかねません。二〇一七年八月、長崎でバンジージャンプのロープが切れる事故がありました。核兵器を含むいまの抑止体制というのは、切れて初めて気がつくようでは取り返しがつかないので、それでは困ります。人々に現状がいかに危うい状況なのかを説得的にアピールしていくにはどういう方法が効果的なのでしょうか。私はもう老い過ぎていて発想が限られてきていますが、木村先生はもうちょっと柔軟で、林田さんははるかに柔軟だから、おおらかにそういうアイディアをいっぱい出し合えると嬉しいですね。

木村　私は抑止論はある意味で幻想だと思います。「核の傘」も基本的には機能しないと思います。それが機能しないことを知っていて、それにあくまで依存しようとしているのが日本政府であり、多くの一般国民ではないかと思います。「日本が核の傘で守られている」とよくいわれますが、もし日本が核攻撃を受けたときに、アメリカが報復攻撃を覚悟で核能力のある第三国に対して攻撃をするかどうかはわからないわけです。世論調査ではアメリカ国民の八割、九割が否定していますし、多くの高官、軍人もじつは否定しているのです。そういう事実があるにもかかわらず、日本で「核の傘」、抑止力が機能しているかのように語られているのが大きな問題だと思います。

私は、今回採択された核兵器禁止条約が現在の朝鮮半島情勢での核兵器先制使用問題に直接的な影響を及ぼせるかについては、かなり限定したものになると思っています。ただし、アメリカなどによる核兵器先制使用のハードルをかなり上げることにはなったと思うのです。とりわけ核兵器による威嚇さえも国際法違反であると踏み込んだ点については、非常に画期的で高く評価できると思います。林田さんもいわれているように、最初は核保有国はこういう条約に反対したり無視したりはするだろうが、クラスター爆弾禁止条約ができた経緯を見ても、結局は包囲されるなかで使うことのリスクや、使用すれば道徳的に非難される危険性の方が高くなり、事実上使えなくなると考えられます。そういう影響力があるはずなので、核兵器禁止条約は長期的に署名・批准する国々が拡大すればするほど大きな威力を発揮することになると思います。

安斎　核抑止論が幻想だという話は、これまでもずいぶん議論されてきて、さっきちょっと引用したロバート・グリーンというイギリス元海軍将校は著書『核抑止なき安全保障へ』という本のなかで「核抑止論は国家的信用詐欺だ」といっています。その本の表紙は破れ傘をさしている女性が「これが核の傘」と示しているもので、核抑止の本質的な姿はこういうものなのだということを端的に訴えています。その核抑止政策の根本にある核兵器による威嚇を禁じている今度の核兵器禁止条約は、かなり上出来の内容で提起されてきたと感じています。

広島の前の市長だった秋葉忠利さんが「２０２０ビジョン」で二〇二〇年を期して核兵器を廃絶する目標を立てていましたが、必ずしも現実的な見通しがあって「２０２０」といっているわけではありませんでした。しかし、現実に核兵器禁止条約が提起されて国連で採択されてみると、私たちの視野に入ってきたという感じがするわけです。

もちろん核保有国などが加わっていない状況でできたものだから、そこにある種のギャップができるのは当然ですが、そのギャップを埋めるためにも、ヒバクシャ国際署名を含めて、われわれ一人ひとりがやればこれを実効あるものにする力になると確信します。核兵器禁止条約を五〇カ国以上が批准してこの条約を発効させる力もヒバクシャ国際署名に反映される「ヒトという種の一員」としての私たち一人一人の意思に違いありません。署名というのは、ただたんに集まった数が問題なのではなく、一人ひとりに署名してもらうために態度の変容を迫る過程こそが大切です。フィン事務局長もいっていますし、社会心理学ではレオン・フィスティンガーの認知的不協和理論でもいっていますが、核体系を支持していた人に態度の変容を迫るにはどういう働きかけが一番有効なのかを、豊かに、実践的に考えていかなければいけないと思います。

林田　この間、指導教員の高原先生と話したときに「いま私たちが気軽にできて、だけれども問題の本質をつかむために必要なアクションは、『核の傘』のことを『核の傘』と呼ぶことをやめることだ」といっていました。「核の傘」は武器でいうとシールド（盾）のように、私たちは攻撃的ではないという意思に見えるけれど、じつは高原先生の言葉を借りれば「槍」だと。のど元にずっと刃を突きつけている状態で、「一歩でも前に来れば、お前のことを突き刺してやるぞ」とお互いに突きつけ合っている状態で、この恐怖感で攻撃することを思いとどまっているのです。盾で自分のことを守っている安心感とは本当は全然違うはずなのに、「核の傘」と呼ばれているからこそ、状況に勘違いが生じ、盾だから防げるような錯覚をしてしまっている。その考えを正すことによって議論に深まりが出るのではないかと先生はおっしゃっていました。いまの安斎先生のお話ともかなりリンクするのではないかと思いました。

核抑止力の七つの問題

安斎　核抑止力なるものについて私なりの整理をしておきたいと思います。七つぐらいの問題があると思うのです。

一つは暴力によって暴力を抑えるという基本矛盾です。「核抑止力は抑止が機能している間だけ抑止力であるに過ぎない」という見方を紹介しましたが、核兵器で抑止していたはずのものが、いったん抑止力が破綻して、軍事的攻撃あるいは核兵器の使用が起こった場合には、「そういうことをやったら核兵器をお見舞いするぞ」と抑止していたのだから、それが本気だということを示すためには核兵器を使用せざるを得ないのです。そういう状況になっても核兵器を使用しなければ、核兵器の使用は張り子の虎と思われてしまうので、抑止力が機能するためには、それが破綻したときには必ずそれを使うことを前提としている。そういう非常に危険な、まさに暴力をもって暴力を抑えることが持っている基本矛盾があるということです。

二つ目は抑止力の不安定性です。これもよくいわれることですが、一九八〇年の国連事務総長の『核兵器の包括的研究』という報告は、「ヒロシマ・ナガサキから（その時点で）半世紀の間核兵器は使われることなく抑止機能を果たしてきたという主張がよくなされる。抑止はこれまで世界的紛争を防いできたので、従って抑止は機能してきたのだということをいわれるが、それはわかり切ったことをいっているに過ぎない。なぜなら、この主張は歴史がそれを否認するときまでは真理であり続けるからである」と皮肉っぽくいっています。要するに抑止力というのは、いつ何時破綻するかわからない危険を絶えずはらんでいるので、それまで抑止力が機能してきたかのように見えるからといって、それがこれからも安定的に機能し続けるとは限らないのだということを、国連事務総長報告でもいっているわけです。

核抑止による平和は関係国間の戦力の均衡の存在を必要とするのだけれども、敵の戦力の評価には主観的・心理的な要因も関係するので、絶えず疑心暗鬼に陥って、拡大基調に自動的に陥っていく。事実ずっとそうだったのです。その結果、技術的な誤作動やヒューマンエラーも関係して、抑止の破綻を招く危険が絶えず内包されているということです。アメリカなどの大国が核兵器による抑止という政治思想を採用した結果として、みずからも核抑止力を獲得する誘惑にかられた国が次々出てきて、現在九カ国に及んでいるという状況です。

三つ目には、核兵器被害の無限定性です。地域や世代を超えて影響を及ぼし得るということの問題は、枯れ薬剤のような化学兵器には一部似た働きがあるけれども、核兵器固有の一面です。

四つ目には、国際司法裁判所の判断との不整合の問題です。一九九六年七月八日に国際司法裁判所は、「核兵器による威嚇とその使用は、武力紛争に関する国際法、とりわけ国際人道法に一般的に違反する」という勧告的意見を出しましたが、核抑止力政策というのは、核兵器による威嚇をその原理としているので、明らかにこの国際司法裁判所の判断とは相容れないのです。

五つ目には被爆の実相の隠蔽、その解明や普及に対する消極性です。核抑止力政策では核兵器を使うことが前提とされているので、使用したら耐え難い状況が起こるなどといえば「そんな非人道的なものをなぜ安全保障政策の要素として抱え込むのか」という批判が起こるに決まっています。したがって、核抑止力のもとではあまりにもすさまじい非人間的な被爆の実相はどうしても隠そうとする方向にいくのです。

六つ目には、核兵器が持っている反人道性への感覚マヒが起こります。国家が反人道的な結果を招く核兵器の使用を前提としてそれを大量に備蓄するような政策をとれば、万一それが使われたときにどんな反人道的なことが起こるかなどということを国民に知らせたら、「そのような政策はやめろ」という世論が起こる可能性があるので、国家は「核兵器は使用可能な兵器だ」ということにしておかなければなりません。反人道的な核兵器に対する感覚マヒが蔓延してくるのです。

最後の七つ目に、反民主的な秘密主義への傾斜が起こります。核兵器が存在する場所は知られてはならないわけです。テロリストの攻撃対象にもなり得るわけですから、最も重要な国民の安全にかかわるものでありながら、国民の目に触れさせてはいけないという民主主義の原理にそもそも反するようなことを前提としているということです。

そういう意味でも、核兵器を本当の意味でなくそうと思ったら、核兵器禁止条約を育み、活用していって、核兵器の脅威のない世界を展望していく努力をしっかり続けなければいけないと思います。

もう一つの外交・安全保障政策を

安斎 立命館大学の平和ミュージアムを足場にして活動している平和友の会という集団の会報に先日ちょっと変わったことを書きました。トランプ政権と「かごめかごめ」という童歌の関係について論じたのです。

「かごめかごめ／籠のなかの鳥は／いついつ出やる／夜明けの晩に鶴と亀と滑った／後ろの正面だあれ」という童歌で、これは全国バージョンです。ある落語家が話しているのですが、「かごめかごめ」というのは「囲め、囲め」という意味で、「籠のなかの鳥」というのは鵺《ぬえ》みたいな怪物の象徴です。せっかく籠のなかに捕《と》まえた怪物がいつ出ていってしまうのか。「夜明けの晩」、時代が変わろうとしている黎明期に、「鶴と亀と滑った」つまり不吉なことが起こる、いったいこういう状況の後ろに誰がいるのかという歌として、この「かごめかごめ」は解釈できるというのです。

アメリカ国民はけっこうやっかいな鵺的なトランプ大統領をホワイトハウスのなかに民主主義の名において囲い込んだつもりでいたけれども、それがいつ出ていって不吉な事態を起こすかわからない。私たちは国連での核兵器禁止条約の採択のような明るい地平に立ちつつある一方で、明け切れない、後ろを見るとまだ暗い面があることもしっかり踏まえて時代の夜明けを求めて突き進んでいくべきだと思います。

トランプ政権がある種不安なのは、何をしでかすかわからない。予測困難性があります。これも社会心理学の分野でいうと、不安というのは「事の深刻さ」×「不確定性（曖昧さ）」に依存するというのです。きわめて深刻なことが起こるかも知れないのに、それを見極めることができない曖昧さがある。「深刻さ」×「曖昧さ」で不安が生まれ、デマが生まれるということなのですが、そういう点でトランプ政権には予測不可能性がありますので、政策として発表された今次のようなNPRがどこまでトランプ政権の本音なのか十分に「見立て」ができない。これは大変厄介な問題です。

核兵器禁止条約の威力

林田　核兵器禁止条約が威嚇までも違法化したことによって、核抑止に潜んでいる〝穴〟を指摘しているというのは、おっしゃる通りだと思います。だからこそ核兵器禁止条約を推し進めることによって、そのような核抑止論が内包している矛盾に多くの人が気付けるようになるといいなと期待します。

フィン事務局長がノーベル平和賞受賞式の際、スピーチで語っていました。「核兵器の抑止が効いているというけれど、抑止というものは幻想である」と。仮に抑止が効いていたとしても、偶発的に、突発的に、感情的に使われるリスクは、抑止が高まれば高まるほど増大していくという問題もはらんでいるということです。もう一つは、いざというときに使ってしまった場合のリスクというか、不安定要素があまりに大き過ぎるということですね。

七二年前といまの世界はまるっきり違います。日本一つとっても、広島・長崎一つとっても、そこに住んでいる外国人の数や企業の数など圧倒的に状況が異なるわけです。一つの国の都市やその周辺に核兵器を使用することが、広島・長崎に原爆を投下したとき以上に複合的な、二次的、三次的な問題を引き起こすことも総合的に判断しないといけません。抑止だけで核兵器を議論するとそういう点が抜け落ちてしまうというのが、核兵器禁止条約が指摘することだと思うのです。

核兵器禁止条約は万能ではありませんが、条約を通してあらゆることを議論していくことがいま必要なのだと思います。条約は、廃絶までのプロセスは補うべきなど課題もあります。具体的にどういう監査機関が入るのかとか、北朝鮮が入ったとして、どういう形で廃絶までのプロセスを進めていくのかというところは現状だと緩いです。これだけでは完璧とはいえないと被爆者の方々もおっしゃっています。

いずれにしてもこれまでの世界が持っていた矛盾点や問題点を洗い出した結果つくられたのが核兵器禁止条約なので、核兵器禁止条約の一文一文をていねいに読み解きながら、では私たちは何をすべきなのか、どこに問題を絞るべきなのかを考える議論の柱として条約を使うことが必要だと思います。それは、いますぐ核兵器禁止条約にすべての国が入るべきだということではないし、そんなことはどこの国も求めていないはずです。

(3) 朝鮮半島の非核化をめぐって

この間の首脳会談をめぐる動きをどう評価するか

木村 今年四月二七日の板門店での朝鮮半島の非核化への決意を表明した歴史的な南北首脳会談に続き、一時期は開催が危ぶまれた米朝首脳会談が当初の予定通り、六月一二日にシンガポールで開かれました。昨年末の北朝鮮による新型大陸間弾道ミサイル「火星15」の発射実験によって米朝関係は核戦争勃発寸前の危機的状況にあったことを考えると、驚くほどの急展開です。しかし、今回の日米首脳会談に対して、日米両国でのメディア報道では、「非核化の時期と方法が明記されていない」など、厳しい評価が目立っています。

そこで、お二人に、昨年末の核戦争の危機から今年になってからの南北首脳会談、米朝首脳会談にいたるまでの動きをどのように見られているかお聞きしたいと思います。

安斎　軍事衝突を招きかねない緊迫した状況下で、対立する政治指導者同士が「ちびロケットマン」とか「老いぼれ」とか罵りあっていた事態からすれば、明らかにベクトルは「対立のエスカレーション」の方向から「協調的ダイアローグ」の方向に変わっており、それ自身は疑いもなく歓迎すべきことです。この対話が信頼できるものであれば、シンガポール会談で具体化できなかった「非核化の時期や方法」について、この延長線上で着実に進めていくことに期待をかけることもできるでしょう。

やっかいなことに、二人の政治指導者のこれまでの言動を見聞きすると、いったことがそのまま確実に行動に結びつくかどうかについては懐疑的にならざるを得ません。トランプ大統領は「瞬間湯沸かし器」のように急に沸騰する反面、熱が冷めると平気で別のことをいい出したりします。ツイッター的メッセージから真意を読み取るのは難しい政治家です。「交渉屋」として「まず声高に吠えて、脅したりすかしたりしながら有利な着地点を探る手練手管」には長けているのでしょうが、これほどの歴史的大問題を誠実かつ着実に律しきれるのか、安易に信頼を置きかねます。

金委員長についても、とりわけ拉致被害者や脱北者のような直接「圧政」を体験した人の話を聞くにつけ、そう簡単には同氏のいうことに信をおけないように感じます。粛清や公開処刑や差別の状況は国連の「北朝鮮における人権に関する調査委員会」（ＣＯＩ）によっても厳しく指弾されており、多くの人が、いつまた手のひらを反すように逆戻りするかわからないという疑心暗鬼に陥っているのも理解できます。

仮に金委員長が、北朝鮮の人々がおかれている貧困や抑圧に関する反人権的状況に誠実に向き合おうと本心から方向転換を決意し、今後は人道や平和構築に関する国際約束を忠実に順守する意志をもっていたとしても、それをおいそれと信じるには余りにもやっかいな過去と現実があるように思います。シンガポール会談の冒頭、金委員長は、「ここまでくるのは簡単な道のりではなかった。私たちには足かせとなった過去があり、偏見や誤った慣行が時にわれわれの目と耳を塞いできたが、さまざまな障害を何とか乗り越えてここまでやってきた」と述べました。それを言葉通り信じ得るためには、「足かせとなった過去」「偏見や誤った慣行」について率直に明らかにし、そうした認識や行動に陥った原因や、それを改めるべきだと思うに至った動機について語るとともに、反人道的な扱いをした人々に謝罪し、それを改める方向性を具体的に示すべきでしょう。疑いもなく、拉致問題もそうした問題の一つです。

伝えられるところでは、「足かせとなった過去」というのは軍部を中心とした抵抗勢力のことであり、「障害を取り除いた」というのはシンガポール会談直前に軍首脳三人を更迭したことを意味するということですが、そのことが北朝鮮の過去の不適切な行動の原因のすべてだと信じるには、圧倒的に説明不足です。

私は、朝鮮半島の非核化について「ＣＶＩＤ」(Complete, Verifiable and Irreversible Dismantlement/Denuclearization、完全かつ検証可能で不可逆的な解体／非核化) という言葉を聞いたとき、いきなり非核化の問題で「ＣＶＩＤ」という前に、交渉に臨む二人の信頼性に関わるもう一つの「ＣＶＩＤ」があるのではないかと感じました。それは、「Conscientious, Verifiable and Irreversible Dialogue/Diplomacy」(誠実かつ実証可能で、後戻りしない対話／外交) という意味です。Conscientious は「誠実な、良心的な」という意味で、

「人を欺いたりしない」という意味がこめられています。Verifiable は「口から出まかせではなく、有言実行であることを証明できる」という意味です。Irreversible は「いったことをなかったことにしたりできない」という意味です。歴史的な大問題ですから、交渉は行きつ戻りつするのは当然でしょうが、大事なことは、約束したことを簡単に反故にしたり、相手を欺いたりすることのない「誠実性」が貫かれていることだと思います。残念ながら、私はいまのところ、シンガポール会談の当事者たちに安心して事を託せるほどの十分な信頼感を持ち得ていません。

一方、私は、私のもつ民主主義のイメージからかけ離れた、特異なカリスマ性をもつ、時に反人権的とも思われる政治指導者にして初めて、歴史の新たなページが開かれるかも知れないという事態の進展に、かなりの驚きと戸惑いも感じてきました。トランプ大統領には二期八年というアメリカ民主主義の大統領選挙のルールがありますが、事実上の独裁体制下にある北朝鮮の金委員長にはそうした制約はありません。人がある行動をとるときには何か理由（そのような行動をとる必要性・必然性）があるはずですが、二人がこうした行動をとる背景にどのような必要性や必然性があったのでしょうか。「体制維持」は両者にとって重大な関心事に相違ありませんが、それが単に自分の体制（自己保身）のためではなく、真に平和と人権を保障する体制づくりという大義のためだと信じるためには、もうしばらくの状況観察が必要であると感じます。

林田　この間の米朝の緊張はかつてないほど高まっていました。それぞれに戦略があったとはいえ、少し度がすぎるような状態が続いていました。トランプ大統領がシンガポールからの往路にわざわざグアムに寄り、「安心して眠っていい」と語りかけたことからも、米国民にも緊張は広がっていたとわかります。こうした状態を打開するきっかけとなったという点では、圧力一辺倒からの転換は評価できると思います。

一部メディアでも取り上げられていますが、私は今回の米朝会談は、ビジネスマントランプが、アメリカという非常に大きな会社の社長として、北朝鮮がこれから取引先としてふさわしいか自ら感触を確かめたというふうに受け取っています。その視点で考えれば、共同声明が進展も具体性もなかったことに納得できます。

しかし、これまでアメリカという国がやってきたことを振り返ると、このままトランプがイニシアティブを取り、米朝で話が進むことに対して私は危機感を覚えます。もし仮に北朝鮮が「世界の脅威」であったのであれば、その「脅威」は国際社会が面となって対応すべきです。東アジアにおいて、軍事・経済両面で中国への布石として朝鮮半島を傘下に置きたいアメリカの思惑通りにシナリオが進むべきではありません。その点は北朝鮮も当然理解しているので、これから特に中国とコミュニケーションを頻繁に取り始めるでしょう。こうして中国の思惑も入り混じった時にトランプがちゃぶ台返しを行わないかがいちばんの懸念です。北朝鮮を米中ロの対立の火種にしないためにこれからどうすべきか知恵を絞らなければなりません。

木村 昨年の核戦争勃発直前といわれた危機的状況から朝鮮半島和解のプロセスへと一挙に事態が好転した最大の要因は、何といっても、韓国の文在寅《ムンジェイン》大統領の存在であり、その「未来志向の戦略的思考」に基づく勇気ある決断とイニシアティブが大きかったと思います。北朝鮮は昨年末まで、米国だけでなく中国との関係も悪化して国際的に孤立する状況に追い込まれていましたが、そこに手を差し伸べたのが文在寅大統領であったわけです。文在寅大統領は平昌《ピョンチャン》冬季五輪への北朝鮮代表団の招致を手始めに南北首脳会談にこぎつけただけではなく、米韓合同演習の容認などの北朝鮮の柔軟な対応を引き出して米朝首脳会談の橋渡しも行いました。特に注目されるのは、トランプ大統領の「中止」発言後に直ちに二度目の南北首脳会談を行って、再び硬直し始めた北朝鮮の態度を変えさせて、米国との首脳会談の仕切り直しにつなげたことは、本当に見事でした。文在寅大統領はいうまでもなく盧武鉉《ノムヒョン》政権の重要閣僚であり、朝鮮戦争を何としても終結させて南北の民族が協力して自主的に統一を実現したいとの強い執念を持った政治家であると思います。

また大きな転機となったのが、昨年一一月二九日の北朝鮮による米国本土全域を攻撃できる弾道ミサイル「火星15」の発射実験でした。この「成功」によって北朝鮮は米国の核による先制攻撃を断念させるだけの強力な戦争抑止力を保有するにいたり、祖父の時代からの宿願であった米国と対等の立場で話し合いができる環境を手に入れたといえます。その自信が、北朝鮮のその後の米韓合同軍事演習の容認や核実験場の一方的廃棄などの譲歩につながります。

このことを「和平への大きなチャンス」であるとし、北朝鮮の核・ミサイル開発は米国に対する交渉力を高める狙いがあること、北朝鮮問題での軍事力行使が選択肢になり得ないこと、制裁強化で北朝鮮が核放棄する可能性は少ないことなどを早い段階で指摘していたのが鳩山友紀夫元首相であり、その慧眼に深い敬意を表したいと思います（『サンデー毎日』二〇一八年五月二七日号を参照）。

今回の米朝首脳会談については、「非核化の時期・検証方法など具体的な対策が欠如している」「北朝鮮にあまりにも譲歩し過ぎ」という意味で「失敗」であり、米朝首脳会談を準備不足のままで開催したこと自体が時期尚早で「誤り」であったといわんばかりの否定的な評価・論評が日米両国で多く出されています。しかし、そうした見方は大きな間違いであり、まったくの見当はずれだと思います。

なぜなら、今回の米朝首脳会談の最大の目的は、「非核化」ではなく「戦争防止」、すなわち「朝鮮戦争の終結」に向けた「緊張緩和」と「信頼醸成」にあったからです。その意味で、一時は中止かと思われた米朝首脳会談が無事に開催されただけでも大きな意味があったと思います。また、米朝両国の首脳が最後まで決裂することなく、敵対関係の解消と新しい平和秩序の構築に向けた和平プロセスを開始するという合意文書に調印したという点で極めて画期的であったと高く評価できます。したがって、今回の米朝首脳会談が全体として「大成功」であったことは明らかであり、それこそ東アジアでの冷戦構造を終結させる「世界史の大転換点」となる歴史的会談となったと思います。

特に注目されるのは、トランプ大統領が米韓合同軍事演習の中止を示唆するとともに、在韓米軍の将来的な縮小・撤退についても言及したことです。これは、大統領選挙中からのトランプ氏の持論であり、米国が「世界の警察」の役割を果たし続ける意思がないことをあらためて表明したことを意味します。しかし、この問題をめぐって米日韓三カ国内部で大きな摩擦・軋轢が生じていることに注意が必要です。

ここで見逃せないのは、トランプ大統領の意向を無視して、トランプ政権内部での軍産複合体をめぐる暗闘がたびたび表面化していることです。トランプ大統領の意向を無視して、公の場で北朝鮮が最も警戒する「リビア方式」に意図的に言及するなど米朝首脳会談開催を頓挫させようとしたボルトン補佐官やペンス副大統領などの強硬派・ネオコンの存在がそのことを物語っています。こうした閣内不一致が見られるのは、トランプ大統領が選挙中から一方的攻撃を受けてきた軍産複合体とネオコンといった戦争遂行勢力とはあくまで一線を画すという姿勢を貫いているからにほかなりません。今後も、軍産複合体やネオコンによる妨害・抵抗が予想されますが、トランプ大統領がこれまでの姿勢を変えることなく最後まで貫くことを期待しています。もちろん、このことは、国内に軍部や野党などの反対勢力をそれぞれ抱えている韓国の文在寅大統領や北朝鮮の金正恩《キムジョンウン》委員長についても同じことがいえます。

今回の米朝首脳会談での合意内容に「完全で検証可能かつ不可逆的な非核化（ＣＶＩＤ）」が含まれておらず、代わりに段階的非核化である「朝鮮半島の完全な非核化」が盛り込まれた点も批判の対象となっていますが、私はある意味で至極妥当であると思います。なぜなら、ＣＶＩＤは北朝鮮へ全面的譲歩を迫る米国による一方的要求であり、北朝鮮にとって受け入れがたい「リビア方式」（核・ミサイルを全面の放棄させた上で力による政権転覆を行うやり方）につながる考え方だと思うからです。

こうして朝鮮半島における和平プロセスは、四月の南北首脳会談と今回の米朝首脳会談によって端緒が切られたといえます。米朝首脳会談は今後とも双方の首脳を自国に招くかたちで続く予定であり、未来志向の戦略的思考で東アジアに新しい平和的秩序が築かれることが強く望まれます。今後、今回の合意文書に盛り込まれなかった「朝鮮戦争の終結宣言」の公表だけでなく、米国・北朝鮮に韓国・中国を加えた四カ国による平和条約の締結、さらには、米朝間および日朝間の国交正常化交渉や南北間の自主的平和的統一につなげていく必要があります。そうすることで北朝鮮に対する「体制保証」（米国による先制攻撃による体制転換の放棄、国際社会による米朝両国の敵対関係解消の確認）と「朝鮮半島の完全な非核化」が最終的に実現されることになるでしょう。

一九九四年以来の核・ミサイル問題とその教訓

木村　九〇年代半ばに生じた朝鮮半島での核危機は危機一髪のところで、ジミー・カーター元大統領の仲介などもあって最終的に戦争勃発という最悪の事態は回避されました。その結果、一九九四年一〇月の米朝枠組み合意*をベースにＫＥＤＯ（朝鮮半島エネルギー開発機構）が設置され、それを協議するための六者協議が立ち上がりました。しかし、二〇〇一年に登場したブッシュ政権によって北朝鮮の核開発疑惑が持ち出されることなどがあって、結局、二〇〇六年五月末にＫＥＤＯプロジェクトは中止・崩壊することになりました。いまの時点から、このＫＥＤＯ失敗の教訓をどのように考えるのか、またそれをいまの事態に生かすためにはどうすればよいのかをお聞かせください。

＊一九九四年一〇月の米朝枠組み合意：北朝鮮が独自に建設した既存の黒鉛減速炉（核兵器の原料となるプルトニウムの生産が容易）の活動を凍結、解体することを条件に、軽水炉二基を建設し提供するとともに、軽水炉第一基目の完成までの代替エネルギーとして、年間五〇万トンの重油を供給すること（外務省ウェブサイト：朝鮮半島エネルギー開発機構から）

安斎　ちょっと整理してみると、核問題をめぐる朝鮮半島情勢の経過は、以下のようでした。

一九九一年一二月　朝鮮半島非核化に関する南北共同宣言
一九九三年　二月　国際原子力機関（ＩＡＥＡ）が北朝鮮に対して特別査察を要求、北朝鮮がこれを拒否
　　　　　　三月　北朝鮮が核不拡散条約（ＮＰＴ）から脱退を宣言、その後これを保留
　　　　　　五月　北朝鮮が弾道ミサイル「ノドン」の発射実験実施
一九九四年一〇月　アメリカと北朝鮮が「枠組み合意」に調印。北朝鮮が主要核施設凍結
一九九五年　三月　朝鮮半島エネルギー開発機構（ＫＥＤＯ）が発足
一九九八年　八月　北朝鮮が弾道ミサイル「テポドン1号」の発射実験実施
二〇〇二年一二月　寧辺《ニョンビョン》の核施設再開を表明
二〇〇三年　一月　北朝鮮が核不拡散条約即時脱退を表明

八月　第一回六カ国協議
二〇〇四年　二月　第二回六カ国協議
六月　第三回六カ国協議
二〇〇五年　二月　北朝鮮が核兵器保有を宣言
七月　第四回六カ国協議第一次会合
九月　第四回六カ国協議第二次会合
一一月　第五回六カ国協議第一次会合
朝鮮半島エネルギー開発機構が解散、清算
二〇〇六年　七月　北朝鮮が弾道ミサイル「テポドン2号」など七発の発射実験
一〇月　北朝鮮が「地下核実験に成功」と発表
国連安全保障理事会が北朝鮮に対する制裁決議を全会一致で採択
一二月　第五回六カ国協議第二次会合
二〇〇七年　二月　第六回六カ国協議第一次会合
九月　第六回六カ国協議第二次会合
一二月　電気出力五〇〇〇キロワットの実験炉で核燃料取り出し
二〇〇八年　六月　プルトニウム二キロを核実験に、二六キロを核兵器に使用と申告
七月　第六回六カ国協議首席代表者会議
一二月　第六回六カ国協議首席代表者会議（非核化の検証方法について合意できず）

二〇〇九年　四月　「人工衛星打ち上げ用ロケット」発射
　　　　　　五月　北朝鮮、第二回核実験
二〇一一年一二月　金正日《キムジョンイル》総書記が死去
二〇一二年　四月　金正恩党第一書記に就任
二〇一三年　二月　第三回核実験
二〇一六年　一月　第四回核実験（北朝鮮は「水爆」と発表）
　　　　　　九月　第五回核実験
　　　　　　　　　第七回党大会で金正恩が党委員長に就任
二〇一七年　二月　日本海に向けて弾道ミサイル発射
　　　　　　三月　日本海に向けて弾道ミサイル発射
　　　　　　四月　日本海に向けて弾道ミサイル発射
　　　　　　　　　太陽節（金日成《キムイルソン》誕生日）の弾道ミサイル実験が失敗
　　　　　　五月　弾道ミサイル発射実験
　　　　　　七月　日本海に向けて弾道ミサイル発射
　　　　　　八月　日本海、太平洋に向けて弾道ミサイル発射
　　　　　　九月　第六回核実験
　　　　　一一月　日本海に向けて弾道ミサイル発射
二〇一八年　二月　平昌オリンピックに南北統一チーム参加

四月　金正恩・文在寅南北首脳会談
六月　トランプ・金米朝首脳会談

いま、多くの日本人にとっては、金正恩委員長の時代になってから矢継ぎ早に核実験や日本海・太平洋向けの弾道ミサイル発射実験をやっているという印象が強いかも知れませんが、核開発路線は先代から引き継いだものですね。ＫＥＤＯの誕生と崩壊の物語は一九九五年から一〇年間の金正日時代のことですが、年表で見ても明らかなとおり、国際社会が「北朝鮮が核不拡散条約から離脱して核兵器開発に走るのではないか」という懸念を強く抱いていた時代であり、実際、一九九八年には核不拡散条約に加わっていないインドとパキスタンが相次いで核実験を実施した時期でした。

インドは「核兵器を持った方が勝ち」のような核超大国による国際支配を批判して、すでに一九七四年に核実験をしていましたが、国境を挟んでインドとの武力衝突を繰り返していたパキスタンも一九九九年に核保有国に仲間入りしました。パキスタンは貧困で識字率も著しく低い国ですが、核兵器を持ったのですね。このころ、核拡散は現実の脅威でした。

核兵器保有が単に「ステータス・シンボル」（国家の「格」を象徴するもの）というだけでなく、アメリカを含む国々との戦争が終わらずに「休戦状態」にある北朝鮮にとっては、核兵器を持つことによって交渉力を高める、軽くあしらわれない存在になることも重要な目的だったでしょう。北朝鮮特有の喧嘩術もあって、「本当にこの国は核開発に突っ走るかも知れない」という心配が漂い、「原子力開発はともかくとして、核兵器開発には走らないように」という機運のなかで、「核拡散につながる恐れが低い軽水炉二基と完成までの期間の重油燃料を、日本と韓国の費用負担によって無償で提供することによって、核兵器のためのプルトニウムを効率的に生産できる黒鉛減速型炉を放棄させ、核兵器開発計画を断念させる目的」でKEDOが設立されました。

北朝鮮の国民が一番困っていることの一つはエネルギー問題で、とりわけ電力供給不足の問題です。夜間の衛星写真でみても、北朝鮮は「闇」に覆われています。熱源は原発である必然性はありませんから、援助するなら、拉致被害者の蓮池薫さん（新潟産業大学准教授）もいっているように、高効率石炭火力発電所が最もふさわしかったのかも知れません。よく知られているように、日本の石炭火力発電所はヨーロッパのものに比べても一〇％近く熱効率がいいので、原子力分野ではなく、非原子力分野のエネルギー生産で貢献できたと思いますが、何しろ当時は土俵自体が「核」の上に乗っていたので、現実にはKEDOの顛末のようなことになりました。

もっとも、核兵器開発の放棄と引き換えに非原子力分野の電力生産技術の導入を受け入れたかどうかはわかりませんし、石炭火力発電技術を受け入れたからといって核兵器開発を放棄したとは限りません。核兵器を持つか持たないかは、単に「技術的能力の問題」ではなく「政治的意志の問題」ですから、非核化交渉でも、相手が核兵器を持ちたいという政治的意志を持つ背景にどのような不安や疑心暗鬼があるのかを見定めて、核兵器なしでも自国の安全や発展が保障されると考えられるだけの信頼関係を築くことが必須でしょう。

林田 一九九四年の合意が破綻する直前、韓国の金大中《キムデジュン》大統領が北朝鮮の濃縮施設は完成していないから対話で解決しようと米国に持ちかけたといわれています。この時ブッシュ政権はこれを拒否して重油供給を停止させましたが、この時の韓国のように仲介に入る国がうまく立ち回れるかが鍵になってくるでしょう。今回、トランプは米韓合同軍事演習を中止にしましたが、この背景には中国の習近平とのコミュニケーションがあったとアメリカのCNNが報道しています。今後中国が同様な立場で立ち回れるかは疑問ですが、米朝の動きを外から支える動きは非常に重要です。

経済制裁によって、北朝鮮は外貨獲得に苦戦しています。こうした経済的な状況を好転させたいから非核化のポーズを当面は取り続けるでしょう。一方で、核をすぐに手放したくないでしょうから、今回の共同声明とその後の各施設爆破のように、曖昧な形で非核化をアピールして現状を打開しようとしてくる可能性も否めません。二国間での枠組みのまま、この状態を打開することは極めて難しく、九四年の繰り返しになりかねません。しかも、現在は北朝鮮が核兵器も長距離弾道ミサイルも保有しているわけですから、最悪のシナリオは九四年時より悪い状況です。同じ轍を踏まないためにも、非核化に向けて国際社会がどのように立ち回れるかが鍵になってくるのではないでしょうか。

木村　これまでの経緯を振り返ってみると、朝鮮半島問題で緊張を高めてきたのは北朝鮮による核・ミサイル実験であり、またせっかくできた核問題での合意を破綻させてきたのも北朝鮮によるたびたびの約束違反と裏切りが最大の原因、と報じられてきています。しかし、こうした北朝鮮にすべての原因があるという一方的な見方は、はたして事実に基づくものだといえるのでしょうか。私は決してそうではないと思います。というのは、次のような経緯・事実があるからです。

安倍首相は、二〇一七年九月二〇日の国連総会での演説で、「対話の重要性を強調するのは、北朝鮮が相手では意味がない」と声高に主張し、「軽水炉の建設と重油提供を受ける条件で核プログラムを凍結することに合意したが数年後にウラン濃縮プログラムなどで合意を違反した点、二〇〇〇年代初めの六カ国協議で非核化に合意しておきながら二〇〇六年に核実験をした点」という二点を挙げて北朝鮮による核合意の不履行を非難しています。

これは、①一九九四年の米朝枠組み合意、②二〇〇五年の六者協議での9・19合意、のことです。しかし、①一九九四年の米朝枠組み合意（いわゆるKEDO合意）を破ったのは、北朝鮮ではなく、核凍結の見返りの北朝鮮への燃料提供を渋り二基の軽水炉建設をサボタージュし続けた米韓日三カ国でした。特に、二〇〇一年にクリントン政権に代わって登場したブッシュ政権は、北朝鮮による核開発疑惑を明確な根拠も示さずに一方的に提起・非難したばかりでなく、北朝鮮を「悪の枢軸」と名指して、核先制攻撃戦略で脅迫して一九九四年の米朝枠組み合意を破棄に追いやったといえます。

また、二〇〇五年の六者協議での9・19合意をめぐっては、一時は北朝鮮による核施設凍結に着手するなどの動きはあったものの、その後検証方法などをめぐり対立が激化して、北朝鮮が〇六年と〇九年に核実験を強行するという経緯がありました。検証方法における考え方の違い・対立などについては双方に言い分があると思います。しかし、重要なのは、北朝鮮に対する核先制攻撃戦略を撤回せず、米韓合同軍事演習などで核による北朝鮮への威嚇と脅迫を継続し、「相互尊重と平等の精神、関係正常化と平和保障条項、同時行動原則」（9・19合意）を事実上破棄したアメリカ側に多くの責任があるということです。

このように、これまでの核合意が不発に終わった責任の大部分を負うべきは、米韓日三カ国の政府やそれに追随する大手メディアの主張とは異なり、北朝鮮側ではなく、米韓日三カ国、特にアメリカ側にあるというのが私の最終的な結論です。

日本外交の問題点

木村　日本政府はここ数年の北朝鮮の核・ミサイル開発をめぐって生じた朝鮮半島危機に対して、日本独自の制裁実施と日米軍事一体化による抑止力強化というかたちで一貫して強硬姿勢で臨んできました。しかし、こうした「最大限の圧力」のみを重視し、「対話のための対話は無意味」とする対北敵視政策は、今年になってからの朝鮮半島和解のダイナミズムのなかで日本が完全に蚊帳の外に置かれる孤立状況をもたらしたことになっています。こうした日本外交の現状・あり方について、お二人はどのように思われていますか。

林田　この間の日本政府の立ち回りはあまりにだらしないといわざるを得ません。この問題に対して独自のパースペクティブをもたない日本は、圧力一辺倒を貫くことで北朝鮮が裏切った時に「ほらみろ」ということで存在感を示したいのだろうなというふうに映っているのではないかと思います。これではまるで、非核化の失敗を願っているようにも見えます。お互いに自分たちの利益をむき出しにしている現在の米朝会談において、限界点は必ずやってきます。その時のために、日本が第三国として米朝両国の橋渡し役を演じることは不可能ではないはずです。

また、この間核軍縮の国際会議において日本政府が繰り返し主張する広島・長崎へ国際社会のリーダーを招く試みを、いまこそ実践すべきではないでしょうか。核兵器の被害というすべての国にとって最悪のシナリオを避けるためにトランプと金正恩を広島・長崎に招待すべきです。次回以降も米朝のコミュニケーションを続けることになるのであれば、会場として日本が名乗り出るべきです。個人的には長崎に両首脳が訪問し「長崎を最後の戦争被爆地にする」ことを宣言するような演出があっていいのではないかと思っています。

安斎　「世界平和度指数」というのをご存じでしょうか？

世界平和度指数ランキング（2018年）

1位	アイスランド
2	ニュージーランド
3	オーストリア
4	ポルトガル
5	デンマーク
6	カナダ
7	チェコ
8	シンガポール
9	日本
10	アイルランド
49	韓国
112	中国
121	アメリカ
150	北朝鮮
154	ロシア
160	イラク
161	南スーダン
162	アフガニスタン
163	シリア

日本の順位の変化

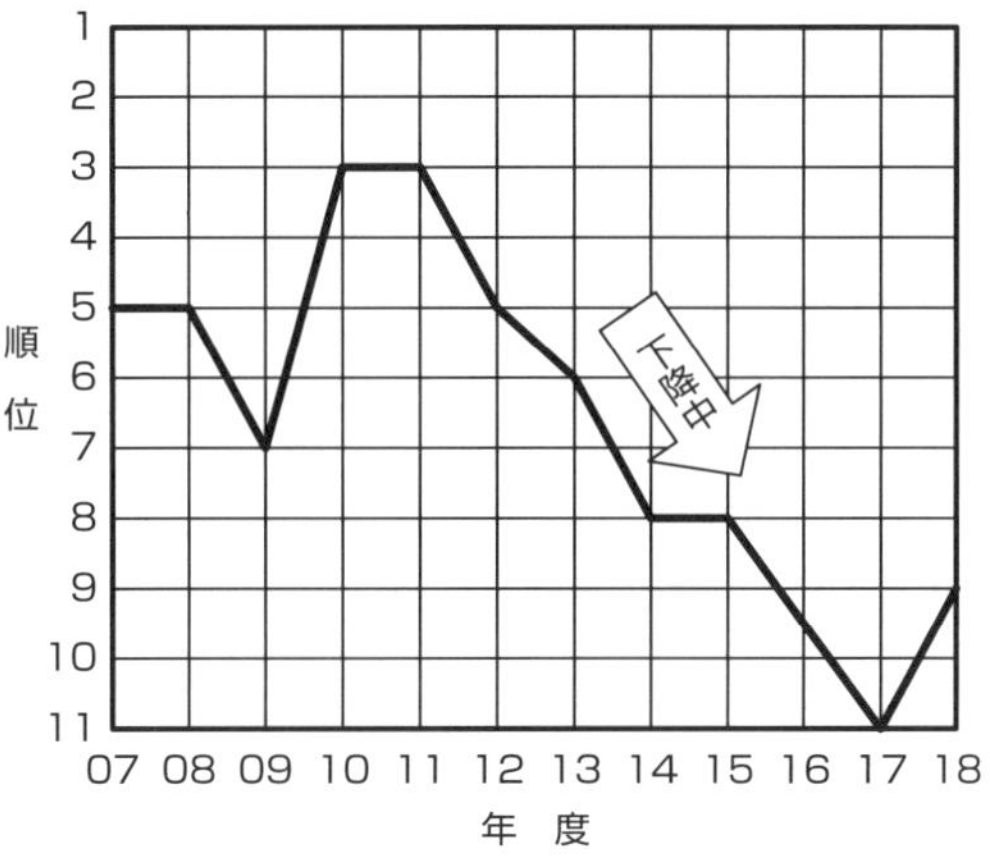

これは、どの国がどれくらい平和かということを数値で表現しようとした大胆な試みですが、もともとはイギリスの経済関係の新聞社が戦争や平和や国際関係に関する二四項目について得点化し、国連加盟国（一九三カ国）の八五％にも相当する国々の総合的な平和度をランク付けしたものです。二四項目とは、(1)戦争の数(対外戦・内戦)、(2) 外国との戦争による死者の数、(3) 内戦による死者数、(4) 内戦の程度、(5) 近隣国との関係、(6) 他国の市民に対する不信感、(7) 難民の割合、(8) 政治的不安定さ、(9) 人権尊重の程度、(10) テロの可能性、(11) 殺人事件の数、(12) 暴力犯罪の程度、(13) 暴動の可能性、(14) 犯罪収容者の数、(15) 警察・治安維持部隊の数、(16) GDPに対する軍事費の割合、(17)軍人の数、(18) 兵器輸入量、(19) 兵器の輸出量、(20) 国連の介入度、(21) 国連以外の介入度、(22) 重兵器の数、(23) 小型兵器・携帯兵器の入手しやすさ、

(24) 軍事力とその精錬度、です。単に軍事力だけでなく、他国との信頼関係や犯罪の起こりやすさなども考慮されています。この指標にも、例えば、アメリカの軍事援助を受けている（その分だけ自国の軍事費負担が減る）国が優遇される傾向にあるといった批判もありますが、一国の平和度の年次変化を見るには一定の意味があります。

二〇〇八年以来の日本の順位の変化を見てください。日本の順位は憲法の縛りなどもあって一〇位以内に留まっていますが、現政権のもとで「ただ今降下中」という感じです。

今度の米朝会談関連の国々を見ると、韓国の四九位を筆頭に、中国・アメリカ・北朝鮮・ロシアなどはいずれも一〇〇位を下まわっています。シンガポールは八位ですね。

日本の平和度が下降してきた理由は、二四項の評価要素のうちの「(5) 近隣国との関係」や「(6) 他国の市民に対する不信感」が増していることです。もちろん、北朝鮮については、拉致問題が長年にわたって未解決であることや、このところの核・ミサイル問題、それに対抗した日本の「市民参加型避難訓練」などがある種の「合わせ技」となって「北朝鮮不信感」を増悪させたということでしょうが、拉致問題にしても非核化にしても、国家・国民同士が敵対感情をむき出しにして対立しているような状態では進みようがありません。金正恩委員長がある意味では「恥を忍んで」でも「過去と誠実に向きあえる」状況をつくる必要がありますし、これも「恥を忍んで」でも、自国の反人権的な状況をさらけ出して国際基準の「法による支配」を基調とする開かれた国づくりに転換してもらう必要があるでしょう。今回の米朝会談や、それに先行する南北首脳会談で示されたこれまでとは明らかに違うように見えた金委員長の「転換への意欲」を一つの重要な契機として、日朝双方が過去と誠実に向き合う関係づくりのために誠心誠意努力することが必要だと思います。

私が心配していることが二つあります。

一つは、自国の歴史に照らして、日本自身がはたして「過去と誠実に向き合う」努力をしているのかどうか。太古の昔からの交流の歴史をもつ両国が、明治以降の日本の植民地政策のなかで支配と被支配の関係に陥り、そこで日本が行なった反人権的な諸事実も含めて、日本の政府関係者は「過去と誠実に向き合う」姿勢をもっているかどうか、私はやや不安です。

もう一つは、「法と秩序による支配」という言葉が現政権によってもしばしば使われますが、この間の国会でのやりとりを見聞きするにつけ、不都合なら事実さえも抹消し、公文書の書き換えさえも行なって恥じないような政治・行政の姿勢は、「事実と誠実に向き合う政治」とは正反対だと感じます。「人のふり見てわがふり直せ」という諺がありますが、交渉相手に誠実さを求めるのであれば、いたずらに居丈高な敵対姿勢むき出しで臨むのではなく、こちらも襟を正して誠実に対話する姿勢も不可欠だと感じます。

木村 この間の南北首脳会談に続く米朝首脳会談の開催といった朝鮮半島和解のプロセスに対する日本政府の対応を見て思うのは、まさに外交の不在、すなわち安倍外交の破綻といってよいと思います。

日本政府はここ数年の北朝鮮の核・ミサイル開発をめぐって生じた朝鮮半島危機に対して、国連決議に基づく制裁だけでなく、日本独自の追加制裁の実施と日米軍事一体化による抑止力強化というかたちで一貫して強硬姿勢で臨んできました。しかし、「最大限の圧力」のみを重視し、「対話のための対話は無意味」とする硬直した対北敵視政策は、朝鮮半島和解のダイナミズムのなかで日本が完全に蚊帳の外に置かれる孤立状況をもたらしています。

こうした北朝鮮による日本人拉致問題を口実とする硬直した日本政府の対応には、大きな疑念を抱かざるを得ません。二〇〇二年の小泉訪朝から一六年間も、拉致問題の解決に大きな進展が見られなかった最大の原因は、元家族会事務局長の蓮池透氏の「安倍さんは嘘つき」という告発（『拉致被害者たちを見殺しにした安倍晋三と冷血な面々』講談社、二〇一五年）でも指摘されているように、日本政府がこの拉致問題の真の解決に背を向けて政治利用に終始したことにあります。そのことは、トランプ大統領の後に撤回される米朝首脳会談「中止」発言に直ちに安倍首相が「支持」する発言を行ったことにも示されています。

本来ならば日本政府は、朝鮮半島の分断と朝鮮戦争への介入という植民地責任・戦争責任を負っていることを直視して真っ先に朝鮮半島の和解と南北の自主的平和的統一に協力する義務があったと思います。また、強制連行や慰安婦をめぐる問題にも誠心誠意の反省・謝罪と賠償を行わなければならない立場です。しかし、北朝鮮が「完全な非核化」に向けた何らかの処置を実施しても、拉致問題の完全解決がなければ制裁や圧力を継続して経済支援は行わないという姿勢は、まったく時代錯誤の異常な対応だといわざるを得ません。

もしこうした姿勢を安倍政権がとり続けるならば、対米従属と国際的孤立を脱するための本格的な政権交代を国民が強い意志で実現するほかありません。金大中政権―盧武鉉政権―文在寅政権といった韓国の政治的経験に学んで、日本でも対米自立を志向した細川政権―鳩山政権の政治的流れを受け継ぐ真の国民的政権を早急に樹立することが求められているのです。

朝鮮半島非核化と核兵器禁止条約

木村　六月一二日に行われた米朝首脳会談によって、朝鮮半島の「完全な非核化」が本格的に始まることになりました。また、二〇一七年七月七日に採択され、現在その発効のために必要な批准国を増やすための国際署名キャンペーンが行われています。それで、お二人にお聞きしたいのですが、この朝鮮半島非核化と核兵器禁止条約との関係をどのように考えておられますか。

安斎　超大国アメリカの大統領が朝鮮半島の非核化について語るとき、私はどうしても「ヘビースモーカーの禁煙運動」のように感じてしまいます。自分は重度喫煙者でありながら、若者に「タバコの火遊びは危険だ」と説き、禁煙の重要性について訓戒を垂れる。あまり説得力があるようには思えません。

また、「朝鮮半島の非核化」という場合、私は当然「アメリカの核兵器の朝鮮半島への持ち込み禁止」も含まれると思いますが、河野太郎外務大臣は、「朝鮮半島の非核化」と「北朝鮮の非核化」は同義語だといっています。もしも日本にアメリカの核兵器が持ち込まれている場合、日本は非核化されているといえるでしょうか。日本には「核兵器を持たず、作らず、持ち込ませず」という「非核三原則」がありますが、「持ち込ませず」という原則は非核原則の要件の一つです。北朝鮮が核兵器を放棄し、新たな核弾頭やミサイルの生産をやめたとしても、アメリカの核兵器が韓国の基地に持ち込まれていたのでは、「朝鮮半島が非核化された」とは私は考えません。

私は、シンガポール会談の開催に重要な役割を果たした韓国の文在寅大統領が本当に朝鮮半島の非核化を望むのであれば、韓国も「非核三原則」を国家方針とすることを積極的に提起すべきだと思います。日本の「非核三原則」は単に「国是」（＝国の基本方針）というだけで、法的な拘束力を持ちません。かつて日本にアメリカの核兵器が持ち込まれていたことはいろいろな証拠から明らかですが、この本の出版過程でアメリカ国務省が機密解除した外交文書でも、アメリカが沖縄返還後も「有事の核持ち込み」を日本側に強く要望していたことが改めて報じられています。そして、日本や韓国に核兵器が持ち込まれているかどうかをアメリカに照会すると、アメリカは「肯定も否定もしない」方針をとっていますので、これでは疑心暗鬼が生じ、誠実性への疑念が払拭できないでしょう。

トランプ―金会談に大なり小なり関わった国々は、アメリカ、北朝鮮、韓国、中国、ロシア、日本、シンガポールなどですが、どの国も核兵器禁止条約に参加していません。アメリカ、北朝鮮、中国、ロシアは核保有国であり、韓国、日本は核保有国アメリカの「核の傘」に依存しています。会場提供国のシンガポールはASEAN（東南アジア諸国連合）の一員として「東南アジア非核地帯条約」（一九九七年発効、通称＝バンコク条約）には参加していますが、核兵器禁止条約採択では唯一「棄権」した国です。棄権の理由は、「核兵器禁止条約は核不拡散条約など他の条約を崩す恐れがある」ということでした。

ついでにつけ加えると、あのとき唯一「反対」したのはオランダでしたが、オランダは核抑止政策をとる国々の代弁者の役割を果たし、「いざというときには核兵器禁止条約よりも核不拡散条約の方が優先する」という主張にこだわりました。核兵器禁止条約では核兵器の使用は禁止されていますが、核不拡散条約ではそうではないからです。つまり、核兵器使用への道を残しておきたかったということですね。核抑止論に依存する国が「使用が禁止されている兵器に抑止効果は期待できない」と考えるのは、ある意味では当然でしょうが、逆にいえば、核抑止政策は核兵器の使用を前提としているということに外なりません。

これらの国々が関わって「朝鮮半島の非核化」を実現しようという場合、核兵器使用の惨禍を体験した日本が果たすべき役割は根源的です。

核兵器禁止条約に参加していない日本政府に、同条約の意義についての認識とそれを実現する意志がいまのところない以上、それを認識している私たち主権者がやるしかないでしょう。もちろん、アメリカに忖度して核兵器禁止条約に背を向けている日本政府を主権者の力で変える努力は不可欠ですし、そのために主権者の意識そのものを変革する努力も欠かせません。「被爆者国際署名」を訴えかける行動は、そのための具体的な方法でもあります。

核兵器をいったん保有した国を非核化することはできるのかといえば、それには幾多の実例があります。南アフリカ共和国は七〇年代から八〇年代にかけて六発の原爆を製造しましたが、一九九〇年にすべて解体しました。旧ソ連の一部だったウクライナ共和国は五〇〇〇発の核弾頭を受け継ぎ、一九九〇年代初頭には世界第三位の核保有国でしたが、一九九六年までに自主的に放棄し、ロシアに移管しました。同じように、ベラルーシ共和国も領土内に保管されていた八一発の核弾頭をすべてロシアに移管しましたし、カザフスタン共和国も受け継いだ一四〇〇発の核弾頭を一九九五年までにロシアに移管しました。これらの三カ国はすべて核不拡散条約に加わっており、核兵器を保有していません。

ちょっと興味深いことですが、アメリカは旧ソ連諸国の非核化を支援するため、サム・ナン上院議員とリチャード・ルーガー上院議員が提唱した「ナン・ルーガー共同脅威削減計画」を一九九一年から実施し、一三〇〇億ドル（当時の一兆八〇〇〇億円）を投じて七六〇〇個以上の核弾頭を解体し、核技術者がテロ国家などに流れないように再就職支援も行ないました。北朝鮮の場合も、この「ナン・ルーガー計画」方式を実施すべきだという主張もあります。

このほか、ドイツ、日本、台湾、韓国、イラク、スイス、スウェーデン、ブラジル、アルゼンチン、リビアなども過去に原爆製造計画に取り組みましたが、いずれも停止しています。日本の原爆製造計画は、アメリカの原爆製造計画（マンハッタン計画）と重なる第二次世界大戦中に行われた陸軍「二号研究」と海軍「F研究」ですが、いずれも成功しませんでした。戦後も「核武装論」はあり続け、現在も、例えば石破茂氏（自民党）が「日本として核兵器を製造できるような技術は保持すべきだ」と主張しているように執拗に残っていますが、政府レベルでは「唯一の被爆国」として核不拡散条約や包括的核実験禁止条約を批准し、原子力の軍事利用は行わない立場を表明しています。

核兵器を保有するかしないかは、一つには「政治的意志」の問題であり、二つには「技術的力量」の問題です。北朝鮮は核兵器を製造する「技術的力量」を持つことを実証しましたが、仮に「技術的力量」を持っていても「核兵器を持たない」という「政治的意志」が確固としていれば核兵器を封じ込めることが可能であることは歴史的にも実証済みです。

北朝鮮がシンガポール会談を前に不快感を示し、あわや会談中止かという事態になったことがありましたが、それはトランプ政権のジョン・ボルトン大統領補佐官が「リビア方式」について言及したときでした。会談中止の発表はトランプ大統領からありましたが、事の起こりはボルトン大統領補佐官の発言に北朝鮮が重大な懸念を抱いたことにあるようです。

リビアは、二〇〇三年、アメリカ・イギリスとの九カ月に及ぶ秘密交渉の末に、核兵器を含む大量破壊兵器の開発計画に取り組んでいたことを認めたのですが、その直後、「即時・無条件廃棄」を表明して核兵器を全廃しました。半年後、アメリカとの国交回復を果たして諸国との関係が改善され、「テロ支援国家」の指定も解除されました。ここまでは良かったのですが、二〇一一年、リビア内戦にNATO（北大西洋条約機構）が武力介入し、革命指導者だったムハンマル・アル＝カダフィ大佐が殺害されるに至りました。このとき、もしもリビアが核兵器を持っていたらＮＡＴＯの軍事介入は難しかっただろうともいわれたので、北朝鮮の金委員長にしてみれば、「関係改善」を旗印にせっかく開発した核兵器を取り上げられた上で、結局アメリカの武力行使によって北朝鮮の体制が崩壊させられるような「リビヤ・ドラマ」だけは絶対に受け入れられなかったのですね。北朝鮮が「体制保証」にこだわったのはそのせいです。

このように、当事国の間に不信感や先行き不透明感がある状況の下では、当事国任せというわけにはいかないでしょう。私は、「核兵器禁止条約」に賛成した国々やＮＧＯが「朝鮮半島非核化監視会議」のような仕組みをつくり、国際的な監視の下でアメリカや北朝鮮に誠実な約束履行を求めていくことが必要ではないかと思います。そのことは、朝鮮半島の非核化を「ヘビースモーカーの禁煙運動」をこえた普遍的な営みとして進めていくためにもきっと役立つはずだと確信します。

林田　今回の米朝会談でもっとも残念だったことは「非核化」の議論をしているにも関わらず、禁止条約の存在を一切無視し続けたことです。それだけにとどまらず、両国は「核兵器の非人道性」という核兵器禁止条約へ至るまでに世界が続けてきた文脈すら無視したのです。一九九四年との最も大きな違いは、私たち国際社会は「核兵器禁止条約」という非核化に向けた具体的な枠組みを持っているという点にあります。二〇一八年の今日において、自国を守る安全保障と外交の道具としてでのみ核兵器を位置付ける態度を許してはいけないのです。核兵器はもはや人類すべてにとって「悪魔の兵器」になりました。この兵器を外交のカードとしてお互いの利害のために利用し続ける両国を私たちは許してはなりません。

「完全かつ検証可能で不可逆的な非核化」を目指すためにも、核兵器禁止条約の枠組みを活かしながら、非核化を進めるべきです。この条約は北朝鮮のような核兵器国が入りやすいように、現状では非核化のプロセスを不完全な状態にしています。まずは禁止条約に参加し、これまで非核化を実現した南アフリカなどの知見を活かしながら条約のアップデートに貢献すべきです。北朝鮮の参加は世界の非核化に向けたモデルケースとなるでしょう。そうなると北朝鮮はいまのイメージから転換し、平和国家として国際社会からの信頼回復にもつながるのではないでしょうか。

このようなシナリオをアメリカのトランプが自ら実践するとは考えにくいですが、米朝が行き詰まった時の打開策としていつでもこの条約の枠組みを提案できるように、NGOと条約推進国が連携して水面下で動きを進めていくべきだと思います。

木村　これまで、「非核化」といえば「北朝鮮の非核化」であることが当然であるような政府の主張と大手メディアの偏向報道がまかり通ってきました。しかし、北朝鮮だけでなく、中国やロシアも「非核化」が「北朝鮮の非核化」ではなく、「朝鮮半島の非核化」であるという当然の主張・立場を明確に打ち出しています。また、「非核化」＝「朝鮮半島の非核化」という見方は、この間の五月九日に東京で開催された日中韓首脳会議の合意文書にも盛り込まれています。安斎さんの指摘にもあるように、菅官房長官は「朝鮮半島の非核化」＝「北朝鮮の非核化」である、という苦し紛れの詭弁を弄しているようですが、これは国際社会では到底通用しない論理であることは明白です。

アメリカのトランプ政権でさえ、「非核化」＝「朝鮮半島の非核化」という見方を否定していませんし、これまで用いてきた「完全かつ検証可能で不可逆的な非核化」（CVID）という主張にもこだわらない姿勢を示しています。北朝鮮は、「朝鮮半島の非核化」のためには、「在韓米軍の撤退が必要」とこれまで主張してきましたが、今回はその主張を強く押し出していないようです。もちろん、長期的には朝鮮半島からの米軍撤退と最終的な米韓同盟の解消が狙いであることは間違いありません。現時点では、朝鮮半島南部、すなわち韓国における米軍の戦術核の撤去、核攻撃が可能な艦船・航空機の韓国への寄港・飛来の抑制を望んでいるようです。

北朝鮮は今年四月に行われた米朝首脳会談に向けた実務者協議でも、①韓国における米国の核戦略資産の撤退、②韓米戦略資産演習の中止、③通常・核兵器による攻撃の放棄、④平和協定の締結、⑤朝米国交正常化、の五条件を要求しましたが、在韓米軍の縮小・撤退について触れなかったとのことです。

ここで興味深いのは、トランプ大統領が、将来的な在韓米軍の縮小・撤退の方向性を早い段階で独断で表明していることです。また、ポンペオ国務長官が五月二四日、上院外交委員会に出席した際に、「完全かつ検証可能で不可逆的な保障」（CVIG：complete, verifiable and irreversible guarantee）に言及したことも注目されます。この発言は、ＣＶＩＤとＣＶＩＧの対等交換を前提とした一括妥結を目指すという文脈のなかでなされたものですが、「完全な非核化」に相当する具体的な北朝鮮体制保証案を、初めて明らかにした点で重要です。

朝鮮半島の非核化と核兵器禁止条約との関係であらためて注目されるのは、東北（あるいは北東）アジア非核地帯構想で、米国の著名政治学者モートン・ハルペリンや日本ではＮＰＯ法人「ピースデポ」の梅林宏道氏らが提唱してきています。韓国・北朝鮮・日本（・モンゴル）の完全非核化と核兵器保有国（アメリカ・ロシア・中国）によるこれらの地域に対する核兵器不使用の保証、これが北東アジア非核兵器地帯条約の骨子です（詳しくは、長崎大学核兵器廃絶研究センター〈ＲＥＣＮＡ〉」提言「北東アジア非核兵器地帯設立への包括的アプローチ」を参照、http://www.recna.nagasaki-u.ac.jp/recna/bd/files/Proposal_J_honbun.pdf)。

また、この構想は、南北が「（朝鮮半島の）完全な非核化」目標を確認した今年四月二七日の「板門店宣言《パンムンジョム》」や一九九二年二月に発効した「朝鮮半島非核化共同宣言」に通じる考え方でもあります。まだ署名・批准はしていませんが、実は核兵器禁止条約には北朝鮮や中国も前向きだといわれています。政府レベルでの動きを後押しするためにも、この構想を実現するために、朝鮮半島の南北両国だけでなく日本やモンゴルを包括する東アジアの市民社会、わたしたち市民が自覚的に追求することが求められています。

この構想が現実になれば、東アジアにおける冷戦構造、すなわち核兵器をめぐる緊張と対決は終わり、ミサイル防御（ＭＤ）やTHAADの配備をめぐる対立もなくなります。その点で、日本政府はこれから導入しようとしている陸上型はむろんのこと、すでに導入している海上型の「イージス・アショア」も廃棄すべきです。そして、アメリカの「核の傘」からの脱却や潜在的核武装能力保持のための「核燃料サイクル」に基づくプルサーマル計画も放棄する必要があります。そのためには、まず日本政府がこれまでの姿勢を根本的に転換して、核兵器禁止条約に加盟（署名・批准）しなければなりません。そのための大きなチャンスが訪れている、いまこそ行動に移すときです！

（4）原爆投下の非人道性と日本の役割

原爆投下正当化論をどうみるか

木村　最後に、日本に対する二つの原爆の投下という問題を振り返りながら、これまでの話をまとめていきたいと思います。それは核兵器の非人道性ということにもつながります。

まず、核抑止論の原点ともいえる問題、マンハッタン計画と原爆投下の問題です。マンハッタン計画での原爆開発は、最初はナチス・ドイツの「幻の核」に怯えて、それに対抗する形で始まりました。だからそもそも原爆開発に着手する原点がいまの核抑止と同じ発想であったということで、そこからボタンのかけ間違いが始まったというのが私の基本認識です。いまだにアメリカが核抑止論や核兵器の先制使用戦略をとっている根本がそこにありますし、核抑止論の裏側に原爆投下を正当化する、原爆神話があると思います。

原爆神話についてはこれまで私もいくつか本も出しているのですが、もし原爆投下をしなければ米軍を中心とする連合国軍による本土上陸作戦が行われ、百万もの犠牲者が出たはずだとされています。これについてはアメリカ側では、連合国とりわけその中心のアメリカの一〇〇万近くの兵士の生命を救うためにもやむを得ない選択であった。それによって（日本兵も含む）日本人の生命さえも救われたのだ、とされています。また、「それ以外の選択肢がなかった」という正当化の論理だけでなく、原爆投下というのは「慈悲深い、人道的行為であった」「人類にとって最善の選択であった」という表現さえ使われているのです。このような見方、立場は、核兵器禁止条約で言及されている核兵器の非人道性とは真逆の発想、考え方であることは明らかです。

ただ残念ながら原爆投下を正当化する原爆神話の呪縛は、原爆を投下したアメリカ、アメリカ人側だけでなく、原爆を投下されて大きな被害を受けた側である日本人、日本側にもかなり深く浸透しているのではないかと思います。それがまさに久間章生《きゅうまふみお》氏（元防衛庁長官、初代防衛大臣）の「原爆投下は仕方なかった」（二〇〇七年六月三〇日）という発言にもつながりました。

林田　朝日新聞の田井中雅人さんが『核に縛られる日本』（角川新書、二〇一七年）という本を出しました。

この本を読んであらためて私の認識を確かにしたことは、いまの世界の核の体制は、核による被害を過小評価してきたからこそ成り立っているという点です。

アメリカのなかにも核施設はあるわけですし、核実験をしてきたわけですから、当然ヒバクシャもたくさんいるわけです。有名な話だと、米兵のなかにも被爆したアトミック・ソルジャーといわれる人たちがいて、明らかにヒロシマ・ナガサキの被爆者の方々と同じ症状が出ました。もしもそれがきちんと世のなかに出ていたならば、同じような辛い経験をヒロシマ・ナガサキの人たちもしていたに違いないという世論が生まれるはずですし、そうなるとアメリカ国内で自分たちがやった非人道的行為に対する再認識みたいな議論が巻き起こるはずです。しかし現段階で起きていないのは、やはりずっと隠し続けているからだと思います。

ヒロシマ・ナガサキでも似たような状況が日米によってつくられました。戦後ＧＨＱの統治下で強いられた「沈黙の一〇年」が一番辛い時期だったと被爆者の誰もが口にします。その「沈黙の一〇年」で、おそらく多くの人が自殺しただろうと想像します。ＧＨＱが去った後、ビキニ事件という新たな被爆事件をきっかけに被爆者運動が爆発したことを考えても、十年間は相当の圧力だったのだろうと思います。私たち日本人とアメリカの人たちにとって、核の被害を直視できないような構図がずっとあったことを考えていく必要がありますね。

今回の核兵器禁止条約で前文に「ヒバクシャ」という条文が入ったのは、その視点からみても意義あることだと思います。被爆者の方々の被害を世界の人たちが直視したときに「いまのままでいいのか」という疑問を突きつけられるわけですから、この視点は核兵器禁止条約のなかでも核となるもので、ここを強化することはいまの世界の認識をひっくり返すくらいインパクトのあることだと思います。だからこそずっと隠していたわけです。

木村　この点について、原水爆禁止運動の先頭に長年立たれてきた安斎先生の方からお願いします。

安斎　いまわれわれが直面している核あるいは原発の問題を考える上で、あの大戦で核兵器が使われるようになった過程をきちんとなぞっておくことは改めて大事だと思っています。一九四五年の初頭まで遡ると、二月にヤルタ会談がアメリカと当時のソ連の間であったわけです。当時アメリカやソ連などの連合軍が主として戦っていた相手はナチス・ドイツだったけれど、やがてナチス・ドイツは敗北するだろう。しかしその後も日本帝国主義は戦い続けるに相違ない。アメリカだけで日本を相手にするのは大変だから、ナチスが敗北したら三カ月以内にソ連も対日宣戦布告をしてほしいと、米ソ間で密約（ヤルタ密約）を交わしたのです。実際に五月八日の夜中から九日の未明にかけてヨーロッパ各地でナチスは崩壊して敗北しました。

その後アメリカは、七月一六日のニューメキシコ州アラモゴードの砂漠で人類最初の原爆実験を成功させ、核兵器を手にしました。開発した軍事力は必ず使うということは世界の国すべてが行ってきたことですが、アメリカは戦後国際政治で有利な立場に立つことを目指して、開発したての原爆を使って第二次世界大戦そのものにアメリカの手によってとどめを刺そうとした。そして原爆をどこに使うかという話が出てきました。

挙げられた候補地の一つが京都でした。具体的には一九四五（昭和二〇）年七月二五日までは第一目標が京都で、第二目標が広島で、第三目標は小倉で、第四目標は新潟でした。京都の目標は京都駅西一キロに位置する梅小路蒸気機関車倉庫の円形転車台でしたが、いまでもその場所は鉄道博物館のなかに残っています。結局、京都は投下目標リストから外されるのですが、日本文化に理解のあるスティムソン陸軍長官が「日本文化の集結地である京都への原爆投下はやめた方がいい」といったとかいわなかったとかいう話がありますが、日本国民が「天皇陛下の御為に」といって命を賭して戦っているなかで古い天皇の都である京都を爆撃したら、日本人の心がアメリカから離反してソ連の側に向いてしまうということで、最終的に京都は外されました。原爆投下予定地には爆撃禁止令がずっと出されていたものですから、京都にはいまでも神社仏閣がわりに残ったのです。

結局一九四五年八月二日の「センターボード作戦」で「第一目標＝広島、第二目標＝小倉、第三目標＝長崎」という投下計画が最終決定され、最初のウラン原爆が八月六日午前八時一五分にB29「エノラ・ゲイ号」の手で広島に投下されました。朝凪《なぎ》の時間帯が選ばれたのは命中精度を狂わせないためでもありますが、同時に、人々が通勤や学校の朝礼などで最もたくさん屋外に出ている時間帯でもあり、多くの人が犠牲になりました。

そのニュースはソ連の側にも伝わるわけで、このままだとアメリカの手によって日本が敗北に導かれる恐れがあるというので、日本とソ連の間には日ソ中立条約があったのだけれど、ソ連はそれを踏み破って、あえてヒトラーが敗北した五月八日から九日にかけてのちょうど三カ月後の八月八日の夜中の一一時に宣戦布告して満州から攻め入りました。

アメリカ側はそれを察知するや、これだと第二次大戦の終結がソ連の手柄によるものになりかねないということで、そのわずか三時間後くらいにプルトニウム原爆をたずさえてB29「ボックス・カー」を第二の原爆投下地である小倉に向かわせたのです。小倉上空に八月九日の午前九時四五分ころに飛来して、原爆投下態勢に入って三回旋回したけれど、侵入経路に失敗したせいもあり、また、隣接する八幡への爆撃によって発生した火災の煙が小倉を覆ったこともあって目標の目視が難しくなったので、小倉への投下を諦めて第三目標の長崎に行ったということです。

こう見てくると、戦後世界をめぐる米ソの戦略的対決がとっくに始まっていたわけで、その結果として、開発したばかりの核兵器が相次いで使われ、この世に二つの地獄をつくり出しました。使った原爆がきわめて非人道的なものだったために、アメリカは一方では徹底的に報道を禁止することをやったけれども、その一方では「あれを使ったことによってアメリカの将兵の命を救ったのだ」という正当化の理屈があとから加えられました。原爆投下の一カ月後のアメリカの世論調査では、約五四％のアメリカ人が原爆投下を是認していましたが、戦後六〇年目の二〇〇五年に行われたギャラップ社による世論調査でも、原爆投下を支持すると答えたアメリカ人は五七％にのぼり、原爆投下が終戦を早め、アメリカ人の命を救ったとする人の割合は八〇％に達しています。私たちはアメリカの公教育やメディアに対して、私たち自身も日本政府も働きかけを強める必要性を感じます。

科学技術が政治に従属しがちな戦争という事態では、絶えず最先端の殺戮技術が実際に動員される危険を持つのだということを私たちは知らなければなりません。一〇〇年前の一九一八年に終わった第一次世界大戦でも毒ガスで同じようなことを体験しています。空気中の窒素固定法の発見でノーベル化学賞を受賞したフリッツ・ハーバーが開発した毒ガスによって、ベルギー戦線でも「ヨーロッパのヒロシマ」といわれるようなすさまじい状況が起こりましたが、人類はまた第二次大戦でもそれを繰り返してしまったのです。

木村 私が原爆投下の問題にかかわるようになったのは、小倉生まれであり、長崎が小倉の代わりに犠牲になったということもあったと思います。私は、原爆投下は「必要悪」ではなく「絶対悪」である。そして、軍事的には不必要で、政治的には有害であり、人道的にも許されざる行為であって、国際法違反であることも含めて人類史上最大の戦争犯罪であるという共通認識を国際社会と人類全体が持つ必要があると思っています。安斎先生もいまいわれたように、原爆投下は冷戦開始の合図でもあり、核時代の幕開けでもありました。つまり、核戦争と冷戦という新しい戦争の開始でもあったのです。

さきほど触れていただいた「人命救済」とか「早期終戦」という原爆投下を正当化する論理に対しては、いい意味での修正主義派から「原爆投下の目的は日本を降伏させるためであったというよりも、ソ連に対する作戦や、戦後世界における覇権の誇示であった。日本が降伏した決定的な要因も、原爆投下であったというより、ソ連参戦であった」という反論を、ガー・アルペロビッツさんやマーティ・シャーウィンさん、日本では西島有厚さんや荒井信一さん、進藤榮一さんなどが早くから指摘してきました。私自身は、原爆投下の目的としては、それ以上に、広島のウラン型に対して長崎のプルトニウム型という二種類の異なる核兵器の実戦使用による威力・効果の確認、新型兵器の実験と、とりわけ人体への影響を測るという人体実験的な側面がじつは強かったのではないかと思います。そして、日本が降伏した決定的な理由も、確かに原爆投下よりもソ連参戦の衝撃の方が大きな影響があったのですが、少なくとも八月一四日の時点でポツダム宣言の受け入れを日本が決断した最大の理由は、バーンズ回答による天皇制護持の容認の示唆であったのではないかという見方をしています。

「早期終戦」に関しては、歴史的事実はその真逆であるという立場です。というのは、アメリカは原爆開発の成功、すなわちアラモゴードでの実験までは、終戦を先延ばしにしたという事実があるからです。沖縄戦もその文脈で考えれば、原爆投下の準備の環境づくりのための時間稼ぎだったのではないか。アメリカはとにかく、七月一六日まで、アラモゴードでの実験があるまで終戦を先延ばししたというのがこれまで隠されてきた都合の悪い真実だと思われます。その状況証拠としては、ポツダム会談の開催時期のことがあります。もう五月にドイツが降伏しているのですから、本当ならばすぐに開く必要があったのです。チャーチルからもスターリンからもそういう要請があったにもかかわらず、トルーマンがアラモゴードでの実験直前まで引き延ばしたのです。

マンハッタン計画の原爆開発の責任者であったグローヴス将軍が、一九四五年春に日本が降伏しそうだという情報を得た上で、マンハッタン計画のスピードアップを命令していたということがあります。日本が降伏しそうだったらもう原爆はいらないとなるのが普通であるのにもかかわらず、このまま降伏されたら、せっかく自分が心血を注いで二〇億ドルもかけたものが無駄になるという焦りをそういう形で示したということです。

もう一つは、ヤルタ会談でのソ連参戦の密約を実効化するための満州地域の利権を確認する協定を結ぶための交渉が、ソ連政府と蒋介石政府の間でモスクワでやられていたのですが、その協定の締結を延期するような要請をアメリカ側が蒋介石政府に行っていたということも、明らかになっています。原爆投下はそういう大国間の思惑、駆け引きの下でなされたのです。

さらにポツダム会談では当初、アメリカ、イギリスにソ連が加わった形でポツダム宣言が日本に対して発表される予定でした。ところが、トルーマンは、原爆実験が成功した後でソ連を意図的に排除したのです。ポツダム会談には参加していなかった中国の蒋介石政府を途中から入れて、アメリカ、イギリス、中国の三カ国の声明で出すようにしたのです。これには非常に大きな意味がありました。日本側はポツダム宣言にソ連の名前がないことで、「まだソ連参戦はない」という安堵感を持つことになりました。何よりも大きかったのは、ポツダム宣言草案で明記されていた天皇制容認の文言が、原爆実験の成功以後に原案から削除されたことです。アメリカ側はそのような形でポツダム宣言を日本に突きつければ、日本側が無視あるいは拒否するだろうということを見越していたのです。その上で、原爆投下命令は、ポツダム宣言が出される二六日の前日である七月二五日に出されていたのです。だから、アメリカが終戦を急いだのは、アラモゴードでの実験が成功してからであり、あくまでも「原爆投下による終戦」という形にこだわったということです。そうして三週間以内に二つの原爆を落として、それによって日本を降伏に追いやったということにしたわけです。

ここで私が一番重要な問題だと思うのは、長崎への第二の原爆投下の意味合いです。ソ連に対する威嚇というレベルだけでいえば、広島への投下だけで十分だったと思うのです。広島への原爆投下ももちろんけっして正当化できない行為であったことは明らかです。なぜ長崎に広島原爆から三日以内に原爆を連続して投下しなければならなかったのか。その間にソ連参戦もあったわけです。ソ連参戦があれば、原爆を落とさなくても日本は一カ月以内に降伏するであろうという予測もアメリカ側にはあったにもかかわらず、ソ連参戦の前にそれを出し抜く形で、広島に第一発目を落としたわけです。ところがソ連側も対抗する形で参戦を早めて、中国との協定ができていないにもかかわらず参戦を急いで、九日未明に対日参戦を行ったわけです。アメリカがそのソ連参戦を知った上で、広島へも原爆を落としているにもかかわらず、二発目の長崎への原爆投下――これは日本の降伏決定にはほとんど影響を与えていない――を行った理由は二つあると思います。それは異なる二種類の原爆（核兵器）の比較実験をする必要があったことと、もう一つは、ソ連が参戦した直後に日本が降伏したら、日本は広島原爆ではなく、ソ連参戦によって降伏したのではないかということとになりかねないわけです。そうなると、対日占領政策でも極東へのソ連の影響力・発言力が非常に大きくなって、アメリカは最後に一番大事なところを奪われることになりかねないという思惑もあったのではないかというのが私の解釈です。それを実証することはほとんど難しいのですが。

安斎 難しいのですが、技術畑を専門にしてきた立場からいうと、広島に落とされたウラン原爆の開発チームと、長崎に落とされたプルトニウム原爆の開発チームが別々にあって、一方だけ「戦果」を上げて終わりにするわけにはいかなかったという面もあるでしょう。やっかいなことですが、プルトニウム原爆を開発したチームからすれば、「自分たちが英知の限りを尽くして開発した原爆でとどめを刺せ」というのは技術者としては重要な要求だった可能性があります。

木村 しかもその後の核兵器はすべてプルトニウム爆弾ですからね。

安斎 そう、標準になるわけです。

木村 そういう意味では、日本側の奇襲攻撃である真珠湾で始まった太平洋戦争は、アメリカにとっては正当化できるGood Warとか正義の戦争といいやすい側面があって、原爆を落としてもまだ正当化できる余地があるような千載一遇の機会だったと思うのです。だからこそ使用したのだと私は思っています。

安斎 一九四五年七月一七日にポツダム会談が始まる直前、ソ連のスターリンはアメリカ側に、「日本がソ連を通じて終戦を模索している」ことを伝えました。トルーマンは二日前の七月一五日には、スターリンから「ソ連の対日参戦」の確約を得ていたのですが、翌七月一六日に初の原爆実験に成功したために、「日本を降伏させる上でソ連の参戦は必ずしも必要ない」と考えるようになったと伝えられています。しかも、ソ連の仲介で日本が終戦を模索しているとなれば、ますますアメリカの手で大戦に決着をつけようと考えたでしょう。事実、スティムソン陸軍長官は、ポツダム会談の名で対日降伏勧告を日本に突きつけ、日本がソ連の懐に飛び込むのを防ごうとしました。アメリカはこの時期から原爆でとどめを刺す方向に一気に向かっていきました。

木村　原爆開発が完成して原爆が使用できる条件ができるまで、実は日本の降伏を先延ばししていたというのが実態であったと思います。

オバマ大統領のプラハ演説と広島訪問

木村　オバマ大統領が在任中にプラハで核廃絶宣言をし、それによってノーベル平和賞を受賞しました。また、在任中の最後の段階で広島をアメリカの大統領としては戦後初めて訪問して、被爆者とも抱き合いました。それが日本側だけでなく、世界中で好意的に報道されたということがあります。わたしはこのことについても批判的な見解を持っていますが、お二人は、オバマ大統領のプラハ演説と広島訪問についてどのように評価されているでしょうか。

林田　私個人としては、オバマ大統領としての仕事すべてを評価するということではなくて、少なくともオバマ大統領時代の核政策に関しては、プラハ演説しかりですし、広島訪問もしかりですが、「茶番だったな」という評価です。私にとって広島訪問の被害者の人との括弧付きの「和解」の画は非常に腹立たしかった。オバマ大統領の広島訪問は安倍首相の真珠湾訪問との抱き合わせだと思うのです。それは上からの視点での核投下に対する「和解」だったと思うのです。日韓問題でも上からの「和解」がきっかけ・火種となって、いまだに慰安婦問題でこじれが生じています。それと同じように、オバマ大統領が広島で抱き合ったことが「和解」のメッセージとして世界に届いてしまったのは、この前の議論で核体制の神話について話しましたけれども、この部分をますます見えにくくする構造をつくったと考えています。

お二人がおっしゃったように、私は長崎への原爆投下は米ソの冷戦の第一試合だったと思っています。アメリカが優位に立ちたいという思惑で長崎への原爆投下があったと考えています。しかもその階位性を無理やり維持するためにあえて「核の平和利用」という核兵器の神話性を守るために原子力の恩恵を受けさせるという、さらなる安全神話を持ち込み、その核兵器の体制を維持するための安全神話として、まさに核の村のようなものが日米を軸としてつくられたのではないかと思います。その原子力の恩恵という意味での安全神話が崩れたのも日本だったわけです。広島・長崎・ビキニ・福島の被害者の人たちは、アメリカが世界覇権を担うためのカードとして使用した原爆投下の正当性を維持し続けるためにつくられた被害者だと私は考えています。

そういう点で核兵器の使用を考えていた人たちの目線が、ずっとマクロの視点だったことが腹立たしいのです。そのマクロの視点で始まって、マクロの視点でつくられた核の安全神話をこのまま維持したままでいいのかという問題意識を持っているときに「和解」があったので、これはますます私たち被害者からの視点が抜け落ちたまま終止符が打たれてしまうという怒りみたいなものが私のなかでずっとありました。それぞれの思惑によってつくられた被害者の人たちがどんな思いをしてきたのか、これからその体制を維持するためにつくられる被害者の人たちはどんな経験をしていくのかということを考えたときに、人間の意地として被爆者の方々の運動があったと思うのです。被爆者の方々の運動は尊かったと思うのです。

この視点と核兵器禁止条約の視点も重なる部分があります。この核兵器禁止条約の議論を大きくしてきたのは、いわゆる弱小国家やNGO、つまり市民だった。その市民のなかには世界の被爆者の人たちも多く含まれていました。ミクロ視点からマクロ視点を突き抜けるような、下から風穴を開けたような感覚を私は核兵器禁止条約に持っています。だからこそ条約ができたことは尊いと思うし、権力者の行動で損をしてきたのは私たちなのだという点で世界が連帯をし始めているこの運動は大変意義があると思っています。

安斎　オバマ演説はノーベル平和賞の対象になったのだけれども、ノーベル平和賞には「よくできましたで賞」と「がんばりましょう賞」があって、オバマの場合は「その線で頑張れよ」という意味での「がんばりましょうノーベル賞」だったはずなのです。ところが、在任中に広島を訪れたりはしたものの、林田さんが「茶番だった」と評されたことに象徴されているように、核兵器廃絶の面では期待された役割を果たせませんでした。

細かいことですが、プラハ演説のなかでオバマ大統領がちょっといい淀んだ部分が気になったので、簡単に触れます。それは、“as nuclear power — as ... as a nuclear power, as the only nuclear power to have used a nuclear weapon, the United States has a moral responsibility to act”という部分で、直訳すれば、「核保有国として、一発の核兵器を使用したことのある唯一の核保有国としてーーえー、ひとつの核保有国として、合衆国には行動するある種の道義的責任がある」というくだりですが、珍しくいい淀んでいるだけでなく、使用した核兵器がわざわざ「一発の核兵器」（a nuclear weapon）と単数形になっていたのです。「おや？」と感じましたね。後日、ジョー・バイデン副大統領がワシントンの軍事大学でプラハ演説に触れたときには“nuclear weapons”と複数形に直されていましたが、広島・長崎で二つの核地獄を経験した日本の私たちなら絶対あり得ないような基本的なミスをこんな重要な演説でやるだろうか、若いスピーチ・ライターであるジョン・ファブロー氏の不正確な草稿をそのまま読み上げるような人なのだろうかと、ちょっと信頼性に疑念を抱かせた瞬間でした。

オバマ演説では、一方で「核兵器のない世界」を展望しながら、他方では「合衆国はこれらの（核）兵器が存在する限り、いかなる敵をも抑止して同盟諸国の防衛を保障するために、安全かつ効果的な（核）兵器を保有し続ける」ともいいました。散りばめられた美しいメッセージも、しょせんは核抑止論から脱却できずにもがいている政治指導者のポーズなのかなとも感じました。

木村 それは大きい問題ですね。

安斎 「この演説にノーベル平和賞なのかな?」とも思ったのですが、現実に起こったことは、この大国を抜きにして、本当に「非核の世界」を追い求めるこころを共有する国々が手を携えて核兵器禁止条約をつくり、そのノーベル平和賞をもらった大統領を押しいただいていた核保有大国と対峙する構造が現れたことです。オバマ演説は私たちが何に依拠すべきかということについてある種の幻想を振りまいた面もあったと思いますが、長年原水爆禁止運動に取り組んできた多くの人々は、最も頑迷な核保有国の大統領が、核兵器の維持・管理だけでも膨大な経済的負担になっているといった内部事情もあって、「核兵器のない世界」を標榜せざるを得ない状態になったことに、ある種の時代の変化を感じたかもしれません。現にその大統領が「核兵器のない世界に」といったことに励まされて、原水爆禁止運動に新たに加わってきた人々もいますので、功罪両面があったことは事実でしょうが、安易な幻想を抱いてはいけないという思いを強くしました。

広島訪問については、立命館大学の国際平和ミュージアムの名誉館長の立場からすると、全国的にみて平和博物館の参観者数減少傾向にあるなかで、広島平和記念資料館への来館者が「オバマ効果」で年間一四〇

〜一五〇万人レベルに増えていることは歓迎すべきことと感じます。広島でのオバマ演説の冒頭は「七一年前の明るく晴れ渡った朝、空から死神が舞い降り、世界は一変しました」とまるで自然現象を見るような描写で、それこそ「原爆投下国としての道義的責任」を少しも感じさせない内容でした。オバマ大統領の広島訪問は一種の政治パフォーマンスだったかも知れませんが、広島への関心を高める効果をもたらしたことは事実であり、私たちはこの機会を活かして核兵器廃絶に向けてのメッセージを伝える努力をいっそう活性化したいものです。

林田　そのことは私が広島に行ったとき、タクシーの運転手さんもいっていました。とくに欧米系の観光客が増えているらしいのです。これは客観的なデータではありませんが、私が聞いた何人かが共通して「それはオバマ効果なのではないか」といっていて、アメリカ圏から広島を訪問して核の実態を自分の目で見て、自分で考えるきっかけになったという意味では、私もオバマ大統領のあの訪問のよかった点だと思います。

何事にも両面があります。オバマ大統領もリスクを背負って退任直前に広島に来たのだろう思うのです。その点では評価をしなければいけないと思います。ただあの訪問を両手を挙げて肯定してしまうと被爆者の方々の被害の実態が見えにくくなってしまうし、間違った方向で一〇〇年後、二〇〇年後の後世の人たちにメッセージを伝えかねないので、警鐘を鳴らす意味で危惧すべき点をきちんと記録に残しておくことが大事だと私は思うのです。

木村　私はオバマ大統領は二面性のある人で、評価するのが難しいという印象を持っています。リベラルな側面と、一部で「羊の仮面をかぶった狼」であるとか、オリバー・ストーン監督が「スネイク」という言葉を使っていますが、そういわれても仕方のないダークな側面があると思っています。オバマ政権は二期ありましたが、「ブッシュ政権が四期続いたのと同じくらいひどかった。当初はオバマに期待をしたけれども裏切られた」というのがオリバー・ストーン監督とピーター・カズニックさんの評価であり、それが当たっている側面もあると思います。

プラハ演説については、確かに現職の大統領が核兵器を使った唯一の国としての道義的責任に言及したこと自体は画期的であったと思います。しかし、そもそもなぜプラハであのとき演説をしたのかといえば、NATOの東ヨーロッパ地域への拡大と、そこへのミサイル基地配備との関連でチェコのプラハに行っているのです。オバマ大統領はミサイル防衛システムを据えることの意義を同じ演説のなかでも強調していたのです。

確かにノーベル平和賞は「がんばれよ」的に、まだ大統領になったばかりだから、これからやろうとしているのを励ます意味で与えた側面もあるかも知れません。しかし、当時のオバマ大統領は、アフガニスタン戦争、イラク戦争という二つの戦争をしている戦時大統領でもあったのです。それも考えればやはりオバマ大統領はノーベル平和賞受賞を辞退すべきであったと思います。かつてキッシンジャー元国務長官や佐藤栄作元首相も受賞しているようにノーベル平和賞には政治的恣意性があり、危ない側面が強いというのが私の評価です。

広島への訪問については、オバマ大統領は就任直後にも広島を訪問したいという意向（長崎のことは完全に欠落していますが）があったようです。でも、そのときは日米双方で反対が強かったため（特に日本の外務省は時期尚早であると強く反対した）、いったんはダメになったのです。今回任期が切れる直前でもう一度広島訪問をしたいという彼の意思を通したこと自体は、オバマ大統領でないとできない選択だと肯定的に評価しています。ただあのときの演説は、空から何か自然落下のような形で原爆が落ちたような表現をしていることに象徴されるように、原爆投下の責任が明確にアメリカにあることを認めた上で反省・謝罪するというものではありませんでした。そうでないと訪問できなかったとか、いろいろ事情はあったとは思いますが、大きな限界があるものでした。ただ彼は一回目に訪問を希望したときに、確か広島に謝罪したいという意向も表明していたと思いますが、その謝罪も今回はできなかった。それから同じころに核兵器の先制使用を見直すイニシアティブを取ろうとしたのですが、それも実らなかったということがあって、彼の意思通りの広島での演説ができたわけでもないということでしょう。

オバマ大統領の広島訪問で私が納得できないと一番思ったのは、それ以上に、横に安倍首相がつき従って、あたかも安倍首相が核兵器廃絶を推進するかのようなカモフラージュにも使われたことです。またオバマ大統領の広島訪問についてはアジア諸国の人からものすごい批判が出されていたのです。「日本を免罪するのか」という批判です。日本はこれまでは戦争責任を取っていなくて、あのような植民地支配から侵略戦争を行った結果、その報いとして受けた原爆投下を、一方的な被害者面《づら》をして容認するのかという批判です。そこまでアジアの人々にとっての日本に対する憎しみは強いのだなと感じました。

世論調査でも、アメリカで原爆投下を正当化し、支持する人は六割を下回っていますが、中国や韓国では八割、九割が賛成です。逆にドイツですと九割近くが原爆投下には反対で、戦争犯罪だと考えているという数値が出ています。日本では原爆投下が戦争犯罪だと考える人は二割、三割で、「仕方がなかった」という人が実は多いのです。これは、長崎総合科学大学が学生を対象に行ったアンケート調査などにも出ています。

やはりアジアの方の原爆投下の受け止め方は、「あれによって自分たちは救われたのだ」という思いが強く、

しかも自分たちが原爆を落とした当事者ではないので、アメリカ人のような贖罪感、罪悪感もないのです。アメリカの軍人の方も「あのとき原爆が一〇発あったら一〇発全部落としたかった」という表現をする方がいますが、まさしくアジアの方は同じような想いだったと思います。

安斎　立命館大学の国際平和ミュージアムにはアジア各地の方々も見学にみえます。かつてフィリピン大学の副学長をご案内したことがありましたが、お父さんが日本軍に殺された人なのですね。したがって、太平洋戦争時代の日本軍の振る舞いにはとても敏感な反応を示しました。「今日町を歩いていたら日本軍の旗を見た。軍国主義が台頭しているのか」といわれるので、よく聞いてみたら朝日新聞社の旗でした（上左。右は日本軍の旗）。ナチスのハーケンクロイツ（鉤十字マーク）と同じくらいビビビっとくるのです。ちょっとしたサイレンみたいなものが鳴っただけでもビクッとするのです。立命館大学国際平和ミュージアムは戦争による「被害」の側面だけでなく「加害」の側面もそれなりに展示していますが、日本の加害行為に対するアジアの人々の感情はかなり複雑です。私たち自身も、先立つ世代の日本人たちが行なったアジア太平洋諸国での加害行為から目をそらさず、そのような歴史を繰り返さない教訓をしっかりとくみ取り、実践する姿勢が不可欠だと思います。

しかし、一方では、核兵器の問題を考えるときに日本軍の加害行為と引き換えに核兵器の非人道性を受け入れるようなことは絶対にあってはならないとも思います。いかなる前史があろうと核兵器の使用は許されないというのが核兵器禁止条約を考えるときの基本だと思います。実際、南京事件、七三一部隊、従軍慰安婦などの被害関係者や遺族を含めてアジア太平洋地域の人びとと日本の原爆被害のことを話すときなどは、木村先生がいわれたように一定の難しさを感じます。

「沈黙の一〇年」をどうみるか

木村　原爆投下に関連してもう一つお聞きしたいのですが、先ほど林田さんが「沈黙の一〇年」といういい方をされました。日本が降伏してアメリカが占領軍として入ってきて、一九五二年にサンフランシスコ講和条約で日本が括弧付きの「独立」をするまでの間、新聞を中心に言論統制をし、検閲を徹底して、原爆に関する被害を一切報じさせないようにしました。それから、原爆投下の一つの側面として、人体実験というい方をしましたが、占領期に広島と長崎にできたＡＢＣＣ（原爆傷害調査委員会）などを通じて被爆者をモルモット扱いしたという事実があります。観察のみで治療は一切行いませんでした。被爆者の同意を受けた上かといえば、それも強制的な圧力の下で連行して行っていたという証言も多くあります。アメリカはたんに原爆を二発も日本に落として被害を与えただけでなく、日本が降伏した後に情報を統制して、なおかつ被爆者を人体実験として使って得たデータ・資料を日本側の分も含めて自国に持ち去りました。原爆投下問題を戦後の占領期に行った行為も含めた一連のものとしてとらえる必要があると思います。

安斎　いまいわれたようにＡＢＣＣという組織は、観察はするけれども治療を施さないことによって原爆を使うとどういうことが起こるのか、その全貌を明らかにしようとしました。観察された被爆者のなかには、とてもつらい不快な体験をした人々がたくさんいました。米軍は次の核兵器使用のための情報の基礎づくりをやったのですね。いまは放射線影響研究所（ＲＥＲＦ）がＡＢＣＣの後継組織になっています。

アメリカは原爆被爆者だけではなく、核実験や核兵器使用の訓練の過程でも「アトミック・ソルジャーズ」（原子の兵隊）と呼ばれる人たちを生み出しています。核実験をやるときに、二キロくらい離れたところに塹壕を掘ってそこに身を伏せておいて、核兵器が爆発して火の玉が立ち上ると、爆発三秒後に「立ち上がって火の玉を見ろ！」という号令がかかって、キノコ雲が立ち上がっている状況の下でライフル銃を分解したり組み立てたりして任務の遂行ができるのかどうかの訓練などをやっているのです。私たちから見ると極めて非人道的なことです

木村　兵士たちを爆心地に向かって行進させた後で戦闘訓練をさせたのですよね。核戦争下の戦場で人間がいかに戦えるかのデータを取るために……。

安斎　その結果として、アトミック・ソルジャーズのなかにさまざまな障害が出たりして裁判がたくさん起こり、やむを得ずアメリカは八〇年代の後半になって「みなし認定制度」みたいなものをつくりました。一つひとつ裁判をやっていると、国にとっても兵士にとっても大変だから、核実験への参加など、軍務にかかわって特定の癌などにかかった場合は自動的に補償対象にすることにしました。

アメリカは、核兵器使用の威嚇による核抑止政策のもとで、それを実際に戦術レベルで展開しようとするとどういう影響が起こり得るか、核兵器を使った場所にいずれ占領軍としてアメリカ人も入るのですから、そういうときにどういう影響があり得るかを含めて調査したわけです。広島・長崎の被爆者もそうしたデータを集めるために非人道的な扱いを受けたのですが、よく「モルモット扱いされた」という言葉が使われま

す。モルモットはかつて食肉用の家畜やペットとして飼われましたが、病理学の実験動物としても使われましたので、実験動物の象徴でもありました。

原爆投下直後の一九四五年九月一九日にプレスコード（報道管制）が敷かれたことはすでに述べましたが、アメリカは広島・長崎に投下した核兵器がいかに非人道的だったかを知られないように徹底的に隠したのです。

戦略的なレベルでは、アメリカは日本を支配するには食料とエネルギーを支配すればいいという政策を実行しましたが、事実、戦後の日本はそういう方向に誘導されアメリカ依存度を高めていきました。福島原発を含めてアメリカ型の原発が増えていったのもその延長線上にあります。

同時に文化面では日本人をアメリカに抵抗しない民族にするために、３Ｓ政策（SEX、SCREEN、SPORTS）を展開しました。性を自由化させ、スポーツはアメリカの野球などを流行させ、ディズニー映画を初めとするスクリーンで日本人を手なづけたといっていいでしょう。戦後数年間、日本で流行歌などをつくろうとしたら、ＧＨＱの許可なしにはできませんでした。例えば「星の流れに」という歌がありますけれども、従軍看護婦だった女性が奉天から東京に帰り、仕事に就いて生活しようと思ったけれども、結局「夜の女」にならざるを得なかった。その体験を東京日日新聞（現・毎日新聞）に手記として投稿したところ、作詞家の清水みのるさんの目にとまって詞ができ、それに利根一郎さんが曲をつけてできたのが「こんな女に誰がした」という歌でした。しかし、ＧＨＱはこのままでは反米感情を煽る恐れがあるというので、歌い出しの歌詞をとって「星の流れに」に変えさせました。この歌は「戦後最強の反戦歌」ともいわれますが、若い人は知らないでしょうね。

それと同じように、実は「長崎の鐘」という歌が長崎原爆についてつくられました。

木村　「長崎の鐘」は永井隆博士の原作ですね。

安斎　古関裕而作曲、サトウハチロー作詞というある意味では「軍歌コンビ」ですが、それぞれ名を成した作曲家・作詞家です。古関裕而は「露営の歌」「愛国の花」「暁に祈る」「予科練」「大東亜戦争陸軍の歌」「戦ふ東條首相」「若鷲の歌」「撃ちてし止まん」「ラバウル海軍航空隊」「嗚呼神風特別攻撃隊」などおびただしい数の軍歌をつくりましたし、サトウハチローも「お山の杉の子」（六番の歌詞には「今に立派な兵隊さん／忠義孝行ひとすじに／お日様出る国神の国／この日本を守りましょう」など）や「めんこい仔馬」（もともと、軍馬映画の主題歌）などの作品で知られます。

永井隆さんの著書『長崎の鐘』は一九四六年には書き上げられていましたが、GHQの検閲を経て出版が許可されたのは一九四九年、しかも、日本軍による虐殺の記録『マニラの悲劇』と合本という条件つきでした。サトウハチロー作詞の「長崎の鐘」はGHQの検閲を忖度したためか、原爆の悲惨さを描写した歌詞はまったくありません。多くの人々に愛唱されてきたこの歌は、古関裕而の美しい曲とマッチして「鎮魂」の情緒を漂わせる「名曲」には相違ないでしょうが、あまりに情緒的で、一九五四年のビキニ水爆被災の年につくられた「原爆を許すまじ」（浅田石二作詞、木下航二作曲）のような核兵器廃絶への強烈な意思を感じ取れません。GHQの検閲体制は、このようなことも含めて広い意味で原爆の非人道性を覆い隠す文化政策としての役割も担ったように思います。

林田　ABCCのことについてですが、「原爆投下責任よりも責任が重い残酷なことなのだ」という人たちがかなりいらっしゃいます。自分たちが辱めを受けて裸にさせられて治療もせず、研究材料として情報を得るために使われたことに対して「そこで二度被爆した」といういい方をする人たちもいます。その点は私のなかでは強い問題意識になっています。

先ほど安斎先生が触れられた流行歌など文化的プロパガンダをどうやってきたのかは、ジョン・ダワー著『敗北を抱きしめて』などの本でもたびたび登場します。「沈黙の一〇年」もその後も、日本では原爆の被害を語りにくい構造ができてしまった点に着目することは大切なことだと思います。

そのような視点を持って、いま被爆者の方々の記憶があるうちに証言を聞くことは大事な営みですね。当時はなかなか口にできなかったことも、口にしたかったことは何なのかをいまならまだ聞くことができるわけですから。ただ、記憶には難しい面も多いのも事実です。つい嘘の話をしてしまったり、自分の記憶が自分のなかで変わっていったりすることもあります。それでもその点に留意しながら、間違ってもいいから話を聞かせてくださいという雰囲気をつくっていくことは重要ですよね。話も投下の時の記憶だけじゃなくて、戦後どんな経験をされたのかにも話を広げていきたいです。

証言のあり方ひとつをとっても、被爆者の人たちのその後の人生を見ないというのは、私たちにとって染みついた体制になってしまっているかも知れません。基本的に小学校の修学旅行生の子たちに対するプログラムは、「あの日の出来事を教えてください」の四五分間で終わります。その後どんな人生を送ったのかに対しては、ほとんど焦点が当たっていないのです。なぜならその後の人生に焦点を当てることが重要だとわかっていないからです。

戦後の知識が薄いから、原発に対して無抵抗で受け入れてしまうし、いまの北朝鮮情勢に対しても第三者視点になってしまいます。せっかく被爆者の方々が身近であるという日本人は極めて特殊な時間に今日にいるわけですから、記憶があるうちに被爆者から戦後史を聞くようなプログラムをつくるのは、遠回りかも知れないけれども、必要かも知れませんね。

平均年齢が八〇歳を超えているとはいえ、首都圏だけでみても一万五〇〇〇人くらい被爆者の方々がいます。直後はわからないけど「沈黙の一〇年間」のことだったら記憶があるという人たちもいます。「その後の一〇年間、あなたの親はどういう生活をしていましたか」「身近な人たちに原爆のことを語っていましたか」「語っていないとしたらその語りにくさは何からきていると思いますか」という質問をどんどんしていく雰囲気をつくっていくべきだと思うのです。

核兵器禁止条約ができたから改めて被爆者の話を聞きましょうというブームメントは、間違いなく広島でも長崎でも高まっています。高まっているけれども、「戦後史にも焦点をあてましょう」とはなり切れていない側面もあります。平均年齢も上がり、被爆者の方々も世代別に経験が違います。いまある動きにその視点を取り入れていきたいですね。

ビキニ事件、原水爆禁止運動と、原子力の「平和利用」

木村　アメリカの占領が一九五二年のサンフランシスコ講和条約発効で終わって、五二年でしたか、『アサヒグラフ』で被爆者の実相が初めて報道されました。しかし本当の意味で「沈黙の一〇年」が破られることになったのが、日本人が再び放射能被害を受けることになった一九五四年のビキニ事件、第五福竜丸事件であったと思います。

一九五四年三月一日のビキニ環礁での米軍による水爆実験「キャッスル作戦」によって、その周辺地域にいた、危険水域外にいたはずの第五福竜丸の乗組員二三人全員が被爆し、無線長であった久保山愛吉さんが死の灰を受けて亡くなりました。しかしこの問題についてアメリカ側は当初「禁じられた水域内に入ってきたスパイではないか」という扱いをしていました。アメリカは結果的にお金を出すことにはなったのですが、それはあくまでも責任を認めた上での正式な賠償ではなくて、「見舞金」で口封じをする形での政治決着を、当時の立場の弱い日本政府に強いたのです。

このビキニ事件を契機に日本全国に反核・反米感情が高揚して原水爆禁止運動が立ち上がりました。そのあたりの経緯について一番この問題にもかかわってこられた安斎先生の方からお話しください。

安斎　アメリカは広島・長崎で原爆を使ったのち、翌一九四六年七月一日から再び戦後の原爆実験を始めました。ビキニ環礁で最初にしたのは原爆実験だったのですけれども、そのとき近くの島に世界中の報道関係者を呼んでおいて、アメリカがいかにものすごい武力を持ったかを見せつけたのです。そのときにそれを取材した記者のなかに、威力のあまりのものすごさを感じて、威力がすごいことを「ビキニ」という言葉で表す流行語ができました。実験の四日後にルイ・レアールというフランスのデザイナーが胸と腰だけを覆う女性用水着を発表し、「女性がそれを着用したときに男性に与える威力が原爆級である」というほどの意味で「ビキニ・スタイル」と名づけました。よく知られた話です。

そのときにアメリカはこんな原爆を持てる国は一五年くらい現れないと思っていたら、わずか三年後の一九四九年にセミパラチンスクでソ連が核実験を成功させ、プルトニウム原爆を持ってしまったのです。マンハッタン・プロジェクトの情報がスパイを通じて漏れていたため、ソ連は一から開発する必要がなかったのですね。

アメリカは大いに焦って、原爆の一〇〇〇倍も強力な水爆の開発に突き進んでいきました。一九五〇年代に入ると、米ソ両方とも原理的には水爆開発にたどり着いたのだけれども、実際に戦略爆撃機などに積んで運べる水爆の実証試験が必要なので、一連の実験を行ないました。そのうちの最大のものが一九五四年三月一日のビキニ環礁で行われたキャッスル作戦の一環であるブラボー爆発で、威力は一五メガトンでした。すでに述べましたように、これは第二次世界大戦で使われたありとあらゆる砲弾・爆弾・銃弾の爆発威力の合計（三メガトン）の五倍、つまり、第二次世界大戦五回分の威力だったのです。結果として太平洋が放射能まみれになり、日本の港に水揚げされる魚も汚染されました。この事件は当時日本では「原子マグロ事件」とも呼ばれました。ビキニ環礁から一六〇キロのところで操業していた第五福竜丸の二三人の乗組員は「西の空から太陽が昇った」という体験の後に放射線障害にみまわれ、無線長の久保山愛吉さんが九月二三日に亡くなりました。日本では核実験に対する反対運動が起こり、東京・杉並区の母親たちの署名運動への取り組みなどを皮切りにまさに燎原の火のように全国に広がっていきました。

このビキニ被災事件の裏で忘れてはいけないのが、いわゆる「平和利用」といわれている核エネルギー利用の計画が慌ただしく進められたことです。一九四九年くらいまではアメリカの民間企業も原子力の平和利用に対する現実的な関心は薄く、国家の核兵器政策に寄生していれば十分な利益を上げられたのです。しかし、ソ連やイギリスが原子力の平和利用を先行して進めていて、ビキニ被災事件の三カ月後の六月二八日にはソ連ではモスクワ郊外のオブニンスクで五〇〇〇キロワットの原発が運転され始めました。人類最初の実用型原発の運転です。

アメリカは前年一二月八日の国連総会で「平和のための原子力」（Atoms for Peace）政策を発表していま

したが、ソ連の実用型原発の発表に大いに焦りました。このままではソ連が世界の原子力市場を制することになりかねないというので、慌てて原子力潜水艦に乗せる予定だった原子炉を陸揚げしてシッピングポート原子力発電所をつくり、そこから軽水炉開発を急ピッチで進めていきました。

三月一日にビキニ事件があったことが日本で報道されたのは、被災から二週間後の三月一六日、読売新聞によるものです。第五福竜丸が焼津港に帰港した三月一五日、読売新聞の安部光恭記者が情報をキャッチし、東京の社会部と連携して東京大学病院に搬送されていた乗組員を取材、翌一六日朝刊で大々的に報道しました。

ところが、日本国民がビキニ被災事件について知らない間に、「原子力の平和利用」について非常に重大な事態が起こっていました。三月三日、改進党衆議院議員の中曽根康弘氏らが突然「原子炉築造予算」を国会に提出し、翌四日には保守三党（自由党、改進党、日本自由党）の賛成で二億三五〇〇万円の予算が成立したのです。中曽根氏によれば、二億三五〇〇万円というのは核分裂物質「ウラン二三五」からとったいい加減なものでした。実は、中曽根氏は前年すでにアメリカ・ハーバード大学のヘンリー・キッシンジャー助教授（後の大統領補佐官）が取り仕切るセミナーに出席し、「平和のための原子力」を吹き込まれていました。アイゼンハワー大統領の国連演説よりも前のことです。その中曽根氏がビキニ事件のわずか二日後に唐突に積算根拠も定かでない原子炉築造予算を提出した背景には、アメリカ側からのビキニ核実験についての情報提供があったのではないかとも考えられています。ビキニ被災事件が国民に知らされた後では、国民感情からしても原子力利用に関する法案など出せなかったに相違ありません。つまり、ビキニ水爆被災事件によって日本に反米反核の嵐が起こる前に原子炉築造予算をつくらせ、対米従属的な原子力利用へのレールを敷いたのではないかと思われることです。

その後、日本で反米反核の嵐が吹きすさぶなかで、アメリカ製の「平和のための原子力」政策を推進するために「原子力平和利用博覧会」が各地で組織され、延べ三〇万人近い人々が動員されました。驚くべきことに広島平和記念資料館でも博覧会が開かれました。

木村　アメリカは原発も広島にもつくろうとしましたね。

安斎　はい。アメリカ民主党のなかには、広島に原発を設置するという主張がありました。「戦争のための原子力」の象徴である広島を「平和のための原子力」の象徴に転換しようというもくろみです。

やや単純化していうと、そのような「平和のための原子力」政策が推進される歴史的な流れのなかに私・安斎育郎の人生も取り込まれていきました。私は一九五九年に東京・晴海で開催された国際見本市で本物の原子炉が展示されているのを見て、原子力への道に誘われました。展示されていたのはアメリカ・スタンダード会社の軽水減速、濃縮ウラン燃料、熱出力〇・一ワットという超小型原子炉でしたが、昭和天皇が見学中に原子炉のなかを覗き込んだので話題になりました。仕掛人は原子力委員長の正力松太郎氏（読売新聞社主）でしたが、信じ難いことに正力氏は原子力委員会の答弁で「核エネルギー」を「ガイエネルギー」と読んでいたことでも知られています。「核」の字が読めなかったのですね。

私は国際見本市で原子力に興味をそそられ、翌年入学した東京大学で原子力工学科の第一期生として、アメリカの国家戦略のとらわれの身になりました。とらわれた後の学びを通じて「これはいけない」と思い直し、やがて反核・反原発運動に身を染めていきました。

木村　林田さんの方からまずビキニ事件の問題を中心に話していただけますか。

林田　ビキニの第五福竜丸の事件の後に起きた杉並の主婦の方々を中心にした署名運動と、このヒバクシャ国際署名は切っても切れない縁なので、私もこの間丸浜江里子さんの本などを読みながら勉強しているところです。ビキニ事件という新たな事件をきっかけにようやく被爆者の方々が立ち上ったというストーリーはもう少し知られてもいいはずですね。

原水禁運動をきっかけに日本原水爆被害者団体協議会（日本被団協）が組織されるわけですが、日本被団協がどういう組織なのかもあまり世の中の人たちに伝わっていないと思います。ビキニ事件をきっかけに原水爆禁止運動が起きて、被爆者の方々が自分たちも被害者なのだという声を上げ始めました。最初に彼らが主張したことは「自分たちのことをきちんと見てほしい、自分たちの治療をしてほしい、核兵器の被害だという因果関係を国にきちんと認めてほしい」ということでした。日本被団協は「原爆」ではなく「原水爆」の被害者団体という形で立ち上がっている組織です。最初の取り組みとして行われたのは、厚生省がやらなかった実態調査だったということも合わせて大事だと思います。

石田忠先生らがすばらしい調査資料を残してくれています。社会学の調査の方法論に則り、どんな被害に遭ったのか、どのような精神的な苦痛を感じているのか、どこに苦しさを感じているのかというところにまで調査の幅を広げたのです。健康調査だけでなく、精神的・社会的プレッシャーの部分もかなりの分量で調査をしていることは、もう一度注目されるべきだと思います。

日本被団協のルーツとなった被爆者の方々の「被害の実相をきちんと調べてほしい、治療してほしい」という声は、結成から六〇年以上経っていてもまだ完全な形では実現できていないというところも、私たちは忘れてはならないことです。被爆者の方々がいまも求めるのは、国家補償としての被爆者援護法です。ほかの身体障害者とは異なり、戦争被害者として被爆者の方々がいて、だからこそ国家補償として手当を与えるのだと日本の法律に盛り込むことは、核兵器禁止条約と同じように後世の人たちにメッセージを伝える上で重要です。ビキニ事件をきっかけに、被爆者の方が声を上げ、調査も自分たちで行ったけれど、その要求はまだ実現されていないというこのストーリーをわからないと、なぜ被爆者の人たちがいまだに最前線で活動を続けているのかが見えません。

運動している側の人にとってはおそらく当たり前すぎて伝えるまでもないストーリーかも知れないけれど、そこが伝わっていないから共感が生まれないのではないでしょうか。こういうことを話すだけで「そうなのか」とみなさんとても驚かれます。こういう基礎情報は本当に重要だなと思います。世代交代はどんどん進みますから、新しい世代にどのようにこの辺りの話を伝えるのかについても課題として大きいですね。

木村　私はビキニ事件に対する日本での報道で、抜け落ちているものが三つあると思います。まず第一に、ビキニ事件で被害があったのは、日本の第五福竜丸以上にマーシャル諸島の人々であったことが、日本人の認識のなかからすっぽり落ちています。それから、日本人の問題でいえば、第五福竜丸以外に一〇〇〇隻以上の日本の漁船が実際には被爆していて、数十人が被爆死もしています。これは山下正寿さんという高知県の高校の先生が詳細に調べて明らかにした情報です。

そしてもう一つは、当時沖縄は米軍統治下でしたので、本土ではビキニ事件は報道されていますが、沖縄ではほとんど報道されずに、「原爆マグロ」の問題もいっさい知らされないまま、沖縄県民は被爆で汚染した魚を大量に食べることになったという事実があります。

アメリカは、亡くなった久保山愛吉さんの死因について、被爆との因果関係を認めず、謝罪もせずに、賠償金ではなく見舞金で政治決着したという話は先ほどしましたが、低線量被爆、残留放射能被爆での体内被爆の問題を過小評価するというよりも隠蔽するということは、広島・長崎への原爆投下の被害者である被爆者の方たちだけでなく、ビキニ事件に関連しても、またいまも福島原発事故の被害者に対しても行われています。

原発導入と核保有にかかわる問題

木村　ビキニ事件を契機に日本では署名運動などを通じて原水爆禁止運動が高揚しました。それで反米・反核感情が高まるのを抑えるためと、もう一つは先ほど安斎先生から指摘していただいた、ソ連の側が先に原発を稼働させて平和利用の先鞭をつけたことに対抗する意味合いもあり、アメリカのアイゼンハワー大統領が一九五二年一二月に国連で「アトムズ・フォー・ピース」の演説を行い、キッシンジャーのサマー・セミナーに参加した中曽根康弘議員が帰国後、原子力予算をつけ、当時の読売新聞の社主でメディア王といわれた正力松太郎氏と組んで原発導入を押し進めたのです。

原発を日本が導入した背景についていうと、当時の日本では、科学技術に対する盲信があり、また資源小国であるために「夢のエネルギー」といわれた原子力に飛びついてしまったということがあります。核と原子力、つまり核の軍事利用である原爆・水爆の核兵器と原子力の平和利用である原子力発電はまったく別物であるという情報操作が行われました。

さらに日本側が原発の導入を急いだもう一つの理由は明らかに核武装のためです。それは当時中曽根氏などもあまり隠していませんでした。同じころにできた科学技術庁の公文書のなかにも原発は核兵器をつくるためであるし、ロケット開発はミサイル開発のためだと書いてあったと思います。だからいまの北朝鮮とやっていることはほとんど変わらないというか、日本の方が先鞭をつけているということです。

アメリカは本当は原子力を拡散することには反対だったのですが、ソ連が先鞭をつけたので、それを抑え切れないならば、むしろ原発を輸出してコントロールすればいいということで対ソ・冷戦政策の一環として実施したということだったのです。


安斎 その関連でいえば、戦後のアメリカの対日占領政策の戦略的な筋道に沿って、日本は見事にそれに乗せられてきたといえるでしょうね。食料安全保障やエネルギー安全保障の点でアメリカ依存体質がつくられ、日本はアメリカなしには立ちゆかない国になりました。

電力生産も例外ではありませんでした。戦中から戦後にかけて日本の電力会社は日本発送電株式会社（日発）一つに集約されていたのですが、戦後、GHQは「日本経済の民主化」の旗印の下で日発体制の解体を求めていました。結局、GHQは電力再編計画の具体化を「電力王」と呼ばれた松永安左エ門氏に委ねたのですが、松永は全国を九ブロックに分け、それぞれの地域の電力会社がその地域の発電に責任をもつ体制を提案しました（北海道電力、東北電力、東京電力、北陸電力、中部電力、関西電力、中国電力、四国電力、九州電力）。GHQは「分割されたそれぞれの地域の必要電力量はすべて当該地域で発電する方式」を主張したのに対し、松永は「凧揚げ方式」を提唱し、担当地域外に発電所を置くことも認める案を主張しました。結局、松永の案が受け入れられ、一九五〇年四月に電気事業再編成法案が提案されたものの「審議未了」に終わったため、GHQは「ポツダム政令」という形で九電力体制を決定しました（沖縄返還後には「沖縄電力」も加えられました）。

地域分割によって日本の発電方式は、水力から火力へと重点が移されていきました。例えば、私が住む関西エリアを例にとってみると、そこには神戸、尼崎、大阪、高槻、京都、大津などの大都市圏がありますので、戦後復興の過程では大電力が必要とされます。おのずから遠く離れた水源地帯に多くの資金と時間をかけてダムや送電網を築く方式よりも、電力を必要としている都市部に隣接して火力発電所をつくる方が経済成長に対応した電源確保がしやすいこともあって、水力から火力への転換が図られました。初めは石炭火力も使われましたが、相対的に燃料費の安い石油火力に急速に転換されていき、その延長線上で七〇年代からはアメリカ型の原子力発電の導入が追求されていきました。

その過程では、アメリカ型軽水炉の安全性をめぐって深刻な問題が提起されました。軽水炉では、ウランの核分裂反応の熱で高温化した核燃料を水で冷やしているのですが、何らかの原因で水が途絶えると核燃料が過熱されてメルト・ダウン（溶融）を起こし、大量の放射能が放出される危険があります。アメリカでは一九五七年にブルックヘブン国立研究所が「WASH740」という報告書を発表し、熱出力五〇万キロワットの原発が事故を起こして内部の放射能の半分が環境中に放出されたとすると、急性放射線障害による死者三四〇〇人、急性放射線障害四万三〇〇〇人、要観察者三八〇万人、永久立ち退き面積二〇〇〇平方キロメートル、農業制限等面積三九万平方キロメートル、損害額三兆七〇〇〇億円（当時の国家予算一般会計一兆七〇〇〇億円の二倍以上）などと試算されました。これでは原子力発電事業に参入する企業など出ないだろうと案じた米国議会は、あわてて原子力事業者の賠償責任を一定額で打ち切る「プライス・アンダーソン法」をつくりました。日本でもアメリカにならって一九六〇年に原子力産業会議が「大型原子炉の事故の理論的可能性及び公衆損害に関する試算」を行ないましたが、予想される損害は甚大で、報告書全体は「マル秘」扱いにされたほどでした。

一方、技術分野では、万一の場合にも原子炉に水を供給するＥＣＣＳ（緊急炉心冷却系）というシステムを設え、核燃料はメルト・ダウンしないと主張され始めたのですが、これは都市部に隣接して原発をつくるためには事故時でもＷＡＳＨ７４０のようなことは起きないことを示すある種の「印象操作」のようなもので、実証性のある技術ではありませんでした。「いかなる事態が起きても原発は安全」というのはタテマエに過ぎず、原発を推進しようとした人々も「万一の場合には甚大な被害がもたらされる可能性は否定できない」というのがホンネだったに相違ないのですが、残念ながら二〇一一年三月一一日に起こった福島原発事故はこうした軽水型原発のもつ潜在的危険性を実証する深刻な事例になってしまいました。

原発再稼働問題

木村　広島・長崎への原爆投下とビキニ事件に次ぐ三度目の放射能被害として、二〇一一年三月一一日の東日本大震災を契機として起きた、福島第一原発事故が挙げられます。あの時、国際社会から投げかけられたのが、「なぜ被爆国であり地震・津波大国である日本が、アメリカ、フランスに次ぐ第三の原発大国（国内の原発は五四基）にまでなったのか」という疑問です。またしばらくして、福島の当事者ではないオーストリアやドイツが原発全廃の方向に舵を切ったにもかかわらず、事故の当事者である日本政府が再稼働に踏み切る方針に転換したときに、それはまさに狂気の沙汰ではないかという批判が向けられました。この点についてどう思われているかをお聞きしたいと思います。またそれとの関連で、原発の事故の被害や汚染の状況や実態も３・11以降ではかなり情報統制されて隠されているという指摘もあります。すべてが核抑止論ともそのまま重なる問題だと思います。最後のテーマということで林田さんからお願いします。

林田　地震大国日本がこれだけ原発を持ち続けることができたのはやはり核のもつ被害の側面から目をそらし続けたからだと思います。本当はこれだけ原水爆禁止運動や被爆者の運動が大きくなっていたのであれば、五四基もつくる前に私たちは原発をやめなければならないはずでした。３・11ではなく、９・11が起きた後から、世界各国はもしも原発施設を止めるようなハッカーが出てきた場合や、そこに通常兵器を撃ち込んだ場合、どのような被害が広がるのかというシミュレーションをし始めていたにもかかわらず、私たちはその後一〇年間、その議論にすら目をつむり続けていたわけです。臭いものには蓋をする体制は罪深いと思いつつも、その体制をどのように崩すのかを考えていかないといけません。このままでは、私たちはほんとうにサーロー節子さんやフィン事務局長がいっていたように、「核に滅ぼされてしまう」のではないかと危機感を持つべきです。

目先の利益に飛びついて、本当はＮＰＴ体制を抜け出しているインドに率先して原発を輸出したりと、核の負の側面から目を背け続けているのは、戦後ずっと変わっていません。被爆者の人たちの被害の実態調査も被爆者が自分たちでやり、国は最初まったく関与しなかったところも、いま福島でも起こっていることと同じです。福島でも自分たちで自分たちの体調を管理するために、広島・長崎の研究者の人たちを招待して自分たちで調べる運動が起きています。しかし、国は被害者をどう補償していくのかという抜本的な議論はまるで行われておらず、結局はまた、同じ体制が再生産されているだけです。次を起こさないために福島を教訓にしないと、広島・長崎・ビキニ・福島の被害者の方々に失礼だと思います。私としてはその点を伝えなくてはという使命感があります。

安斎　根幹はやはりアメリカの対日戦略と、それに従属的に乗ってきてしまったこの国という構造がありますが、それに加えて、一九七四年に田中角栄内閣の下で「原発を引き受けた地域には特別交付金が落ちる仕組み」（電源開発促進税法）をつくったことがあります。そういった利益誘導によって原発へ原発へと走り、地域開発の展望が持てなかった福井県や福島県などに大量の原発がつくられていきました。

私は一九七〇年代初頭にそういったことに気づき、不安をもつ原発立地予定地域の住民とともにこの国の原発政策について考えるようになりました。一九七二年には、日本の科学者の公的代表機関である日本学術会議の第一回原発問題シンポジウムで「六項目の点検基準」を提起し、原発政策を総合的に批判しました。「六項目の点検基準」とは、①自主的なエネルギー開発であるか、②経済優先の開発か、安全確保優先の開発か、③自主的・民主的な地域開発計画と抵触しないか、④軍事的利用への歯止めが保障されているか、⑤原発労働者と地域住民の生活と生命の安全を保障し、環境を保全するに十分な歯止めが実証性をもって裏づけられているか、⑥民主的な行政が実態として保障されているか、の六点ですが、いまでも大切な視点だと確信しています。しかし、こうした活動に取り組み始めた後、さまざまな嫌がらせや抑圧を体験するようになりました。講演先には尾行がつき、研究・教育から外され、「安斎とは口をきくな」といわれ、研究室の隣席には東京電力関係者が座り日報体制で私の行動を本社に伝えていましたし、日常的にネグレクト・差別・監視・恫喝・嫌がらせ・懐柔などのハラスメントを体験しました。当時、「自由にものをいわせないこの国の原発開発が安全である筈がない」ことを実感する日々でした。

一九七三年の九月一八日のことを思い出すのですが、東京電力福島第二原発一号炉の設置許可処分に対する福島県浜通りの住民たちの反対運動を反映して、国が初めて住民参加型の公聴会を開いたときのことです。いま帰還困難区域になっている双葉地区の婦人会代表が原発推進の立場から行なった演説は、「今年

（一九七三年）の高校野球の優勝は広島商業だった。原爆の町広島で育った高校生がわが福島県代表の双葉高校を一二対〇で破るなど、全国制覇を成し遂げた。平和利用の原子力発電など恐れるに足りない」という趣旨でした。私はあまりの非科学性に衝撃を受けました。

結局、この国では、アメリカの対日戦略の延長線上で国が電力資本と結んで「原子力ムラ」の骨格をつくり、実証性を欠いた原発の安全性をそれらしく印象操作するために専門家を利用し、電源開発促進税法によって地方に特別交付金をばらまき、「豊かな地域づくり」を標榜して住民たちを誘致派として組織して原発立地が推進されてきました。それによって「挙国一致原発推進翼賛体制」とでも呼ぶべき巨大な「原子力ムラ」が築かれた一方、批判者は徹底的に抑圧して「ムラ」から追い出した――これが、この国の原発政策を「緊張感を欠いた独善的慢心」に陥れ、破局に向かって走らせた背景にあったと感じています。

木村　原爆神話からの解放と核抑止論の呪縛の克服は表裏一体であり、いずれもやはり日米両国の権力とメディアが一体化した情報操作によって真実を隠蔽し、その真実とは真逆の神話・虚構をでっちあげて、一般の多くの人を洗脳して思考停止状態にするということがこれまで行われてきました。一般の多くの人々は当局や大手メディアが垂れ流す情報をどうしても鵜呑みにする傾向が強いというのが現状であり、その結果、原爆神話と核抑止論がいまでも大きな影響力を持ち続けています。まずはそこを根本的に変えないと大きな力にならないと思います。

これは原発神話にしても同じことがいえるわけで、原発が最も安全で、最も安く、最もクリーンだというのは真っ赤な嘘だということは、福島第一原発事故以降に多くの人が知るに至ったと思います。それにもかかわらず、原発安全神話を主導してきた人々の発言権は再び強まっており、日本政府は再稼働・輸出を選択しようとしています。こうして同じ過ちを繰り返し、過去の教訓に学ぼうとしないいまの日本の政権と日本政府のあり方は根本的に誤っていると思います。日本は本来ならば、原爆攻撃を最初に受けた国、核被害者としてのヒバクシャ（被爆者だけでなく被曝者を含む）をこれほど出している国の義務・責任として、核兵器禁止条約・核廃絶の先頭に立たなくてはならないし、原発なども真っ先に手を切らなくてはならないはずです。にもかかわらず、日本はそうなっていません。この現状を根底から変えていく責任が私たちにはあると思います。

そのための重要な武器として、今回核兵器禁止条約を市民は手に入れましたので、それをより実効あるものにして、核兵器だけでなく、原発も含む形でも「核のない世界」を実現しなければなりません。またそれとともに、やはり「戦争のない世界」を実現していく必要があるのではないかと思います。

著者略歴

安斎 育郎（あんざい　いくろう）
1940 年生まれ。東京大学工学部卒業、同大学院博士課程修了。工学博士。立命館大学名誉教授、立命館大学国際平和ミュージアム名誉館長。安斎科学・平和事務所所長。専門は放射線防護学、平和学。近著に『子育ち・子育て　被ばくカットマニュアル』（かもがわ出版、2016 年）。

林田 光弘（はやしだ　みつひろ）
1992 年長崎市生まれ。2009 年、第 12 代高校生平和大使（７人）の１人。元 SEALDs メンバー。現在、ヒバクシャ国際署名キャンペーンリーダー。明治学院大学大学院在学中。

木村 朗（きむら　あきら）
1954 年北九州市生まれ。九州大学大学院法学研究科政治学専攻単位取得後退学。九州大学法学部助手を経て、鹿児島大学教授。専門は平和学、国際関係論。日本平和学会理事。東アジア共同体・沖縄（琉球）研究会共同代表。近共著に『沖縄謀叛』（かもがわ出版、2017 年）。

核兵器禁止条約を使いこなす

2018 年 8 月 6 日　第 1 刷発行

編著者　© 安斎育郎　林田光弘　木村 朗

発行者　竹村 正治
発行所　株式会社　かもがわ出版
〒 602-8119　京都市上京区堀川出水西入
TEL 075-432-2868　FAX 075-432-2869
振替 01010-5-12436
URL http://www.kamogawa.co.jp
印刷所　シナノ書籍印刷株式会社

ISBN978-4-7803-0973-7 C0031